和光中学校

〈収録内容〉

便利な DL コンテンツは右の QR コードから

解答用紙

⇒

※データのダウンロードは 2025 年 3 月末日まで。
※データへのアクセスには、右記のパスワードの入力が必要となります。 ⇒ 898965

〈合格最低点〉

※学校からの合格最低点の発表はありません。

本書の特長

実戦力がつく入試過去問題集

- ▶ 問題 ……………… 実際の入試問題を見やすく再編集。
- ▶ 解答用紙 …… 実戦対応仕様で収録。
- ▶ 解答解説 …… 詳しくわかりやすい解説には、難易度の目安がわかる「基本・重要・やや難」の分類マーク（下記参照）。各科末尾には合格へと導く「ワンポイントアドバイス」を配置。採点に便利な配点つき。

入試に役立つ分類マーク

基本 確実な得点源！
受験生の90％以上が正解できるような基礎的、かつ平易な問題。
何度もくり返して学習し、ケアレスミスも防げるようにしておこう。

重要 受験生なら何としても正解したい！
入試では典型的な問題で、長年にわたり、多くの学校でよく出題される問題。
各単元の内容理解を深めるのにも役立てよう。

やや難 これが解ければ合格に近づく！
受験生にとっては、かなり手ごたえのある問題。
合格者の正解率が低い場合もあるので、あきらめずにじっくりと取り組んでみよう。

合格への対策、実力錬成のための内容が充実

- ▶ 各科目の出題傾向の分析、合否を分けた問題の確認で、入試対策を強化！
- ▶ その他、学校紹介、過去問の効果的な使い方など、学習意欲を高める要素が満載！

解答用紙ダウンロード 解答用紙はプリントアウトしてご利用いただけます。弊社ＨＰの商品詳細ページよりダウンロードしてください。トビラのＱＲコードからアクセス可。

UD FONT 見やすく読みまちがえにくいユニバーサルデザインフォントを採用しています。

和光中学校

生徒数　384名
〒195-0051
東京都町田市真光寺町1291
☎042-734-3401
小田急線鶴川駅、
京王相模原線若葉台駅　各バス10分
（スクールバスあり）

自然に恵まれたキャンパスと
自主性を重んじたカリキュラム
知識に偏らない体験学習を重視

URL　https://wakoj.wako.ed.jp/

プロフィール　環境に即した能動性あふれる教育

1933年11月、成城学園から分かれて、世田谷区経堂の地に創立。1977年に、多摩丘陵に囲まれた町田市真光寺町に移転した。創立以来一貫して「単なる物知り」ではない、「真の人格づくり」を目指した教育を行ってきた。

生徒の自主性を尊重し、民主的・自主的活動による、自主・自律の力と個性の育成を教育方針としており、幅広い選択制度を設けた自主編成のカリキュラムにより、個性の拡張・充実を図っている。また、受験を目指す教育よりも、人格形成に主眼を置き、心身ともに一個の人格として形成される青年期に、自立の土台を作ることを基本的なねらいとしている。

環境　緑豊かな環境の中ゆったりした施設

中学には、普通教室の他に特別教室が15あり、高校にも理科室・美術室・音楽室・技術科室・コンピュータ室・マルチメディア室・生徒会室などの特別教室を設置。さらに図書館や大教室、第1・第2・小体育館、食堂、視聴覚室、5つの教科研究室、200mトラックを持つグラウンド、25m×6コースのプールなど、恵まれた中・高共用施設を完備している。

カリキュラム　人間形成を目標とした中高一貫教育

中学では、性別を越えて同一の学習をすべきであると考え、保健体育科を男女共通の学習としている。

また、教科用図書の他に、教師が検討を重ね作成した独自のテキストにより、生徒が正しく到達点を理解し、次の課題に向かうための工夫をしている。

授業では、発表（プレゼン）や討論（ディスカッション）を行うことで、自己肯定感を育む教育を目指している。自分の意見を主張する一方、他人の意見を受け入れ、自分自身をレベルアップさせている。

高校では、授業を通して「考える力」「表現する力」をつけることを重視。2年次から選択講座が実施され、幅広い分野にわたる必修・自由選択教科から自分の興味、関心により選択し、少人数クラスでの授業を受ける。

中・高とも、生活に関わりの深い内容を、教科の枠にとらわれることなく学習する「総合学習」の授業もある。また、「生活にゆとりを」との考えから完全5日制を採用している。

学校生活　中学で農作業体験高校で調査研究旅行

中学では、生徒自治を大切にし、多くの行事はたて割で行われている。自分たちでルールをつくり、実行するために全校集会を開き話し合うことを伝統としていて、館山や秋田での合宿にいかされている。そこでは農業や伝統芸能を学ぶとともに信頼関係の大切さを経験する。また1年生と3年生ではクラス演劇に取り組み、話し合う機会の多い3年間となっている。高校では、5月にクラスマッチ形式の体育祭、10月には2年生全員が選択講座ごとに分かれて行う

4日間の研究旅行も実施され、授業ではできない見学や実習など新鮮な体験をすることができる。

クラブは、文化系・体育系合わせて中学に13、高校に20部あり、生徒の自主性を尊重した運営が行われている。

［運動系クラブ］　サッカー、テニス、バスケットボール、バレーボール、野球、卓球、水泳

［文化系クラブ］　吹奏楽、技術、美術、ジャムセッション研究、ダンス、演劇

進路　90%以上が大学等に進学

系列の和光高校の進路実績として約90％が進学し、受験制度別にみると全体の40％が指定校推薦制度、30％が総合型選抜制度を利用している。現在では5％程度が和光大学へ内部進学している。

他大学への進学については例年、上智大、法政大、中央大、立教大などへの進学実績があり、近年では東京藝術大、東京都立大などの国公立大への進学者もいる。その他、音大、美大などの芸術系に進学を希望する生徒も多い。

2024年度入試要項

試験日　2/1午前（第1回）
2/3午前（第2回）
2/11午後（第3回）
試験科目　国・算＋面接

2024年度	募集定員	受験者数	合格者数	競争率
第1回	約40	63	23	2.7
第2回	約10	36	13	2.8
第3回	約10	28	7	4.0

過去問の効果的な使い方

① **はじめに**　ここでは，受験生のみなさんが，ご家庭で過去問を利用される場合の，一般的な活用法を説明していきます。もし，塾に通われていたり，家庭教師の指導のもとで学習されていたりする場合は，その先生方の指示にしたがって，過去問を活用してください。その理由は，通常，塾のカリキュラムや家庭教師の指導計画の中に過去問学習が含まれており，どの時期から，どのように過去問を活用するのか，という具体的な方法がそれぞれの場合で異なるからです。

② **目的**　言うまでもなく，志望校の入学試験に合格することが，過去問学習の第一の目的です。そのためには，それぞれの志望校の入試問題について，どのようなレベルのどのような分野の問題が何問，出題されているのかを確認し，近年の出題傾向を探り，合格点を得るための試行錯誤をして，各校の入学試験について自分なりの感触を得ることが必要になります。過去問学習は，このための重要な過程であり，合格に向けて，新たに実力を養成していく機会なのです。

③ **開始時期**　過去問との取り組みは，通常，全分野の学習が一通り終了した時期，すなわち6年生の7月から8月にかけて始まります。しかし，各分野の基本が身についていない場合や，反対に短期間で過去問学習をこなせるだけの実力がある場合は，9月以降が過去問学習の開始時期になります。

④ **活用法**　各年度の入試問題を全問マスターしよう，と思う必要はありません。完璧を目標にすると挫折しやすいものです。できるかぎり多くの問題を解けるにこしたことはありませんが，それよりも重要なのは，現実に各志望校に合格するために，どの問題が解けなければいけないか，どの問題は解けなくてもよいか，という眼力を養うことです。

算数

どの問題を解き，どの問題は解けなくてもよいのかを見極めるには相当の実力が必要になりますし，この段階にいきなり到達するのは容易ではないので，この前段階の一般的な過去問学習法，活用法を2つの場合に分けて説明します。

☆偏差値がほぼ55以上ある場合

掲載順の通り，新しい年度から順に年度ごとに3年度分以上，解いていきます。

ポイント1…問題集に直接書き込んで解くのではなく，各問題の計算法や解き方を，明快にわかるように意識してノートに書き記す。

ポイント2…答えの正誤を点検し，解けなかった問題に印をつける。特に，解説の 基本 重要 がついている問題で解けなかった問題をよく復習する。

ポイント3…1回目にできなかった問題を解き直す。同様に，2回目，3回目，…と解けなければいけない問題を解き直す。

ポイント4…難問を解く必要はなく，基本をおろそかにしないこと。

☆偏差値が50前後かそれ以下の場合

ポイント1～4以外に，志望校の出題内容で「計算問題・一行問題」の比重が大きい場合，これらの問題をまず優先してマスターするとか，例えば，大問2までをマスターしてしまうとよいでしょう。

理科

理科は1から順番に解くことにほとんど意味はありません。理科は，性格の違う4つの分野が合わさった科目です。また，同じ分野でも単なる知識問題なのか，あるいは実験や観察の考察問題なのかによってもかかる時間がずいぶんちがいます。記述，計算，描図など，出題形式もさまざまです。ですから，解く順番の上手，下手で，10点以上の差がつくこともあります。

過去問を解き始める時も，はじめに1回分の試験問題の全体を見通して，解く順番を決めましょう。得意分野から解くのもよいでしょう。短時間で解けそうな問題を見つけて手をつけるのも効果的です。くれぐれも，難問に時間を取られすぎないように，わからない問題はスキップして，早めに全体を解き終えることを意識しましょう。

社会

社会は1から順番に解いていってかまいません。ただし，時間のかかりそうな，「地形図の読み取り」，「統計の読み取り」，「計算が必要な問題」，「字数の多い論述問題」などは後回しにするのが賢明です。また，3分野（地理・歴史・政治）の中で極端に得意，不得意がある受験生は，得意分野から手をつけるべきです。

過去問を解くときは，試験時間を有効に活用できるよう，時間は常に意識しなければなりません。ただし，時間に追われて雑にならないようにする注意が必要です。“誤っているもの”を選ぶ設問なのに“正しいもの”を選んでしまった，“すべて選びなさい”という設問なのに一つしか選ばなかったなどが致命的なミスになってしまいます。問題文の“正しいもの”，“誤っているもの”，“一つ選び”，“すべて選び”などに下線を引いて，一つ一つ確認しながら問題を解くとよいでしょう。

過去問を解き終わったら，自己採点し，受験生自身でふり返りをしましょう。できなかった問題については，なぜできなかったのかについての分析が必要です。例えば，「知識が必要な問題」ができなかったのか，「問題文や資料から判断する問題」ができなかったのかで，これから取り組むべきことも大きく異なってくるはずです。また，正解できた問題も，「勘で解いた」，「確信が持てない」といったときはふり返りが必要です。問題集の解説を読んでも納得がいかないときは，塾の先生などに質問をして，理解するようにしましょう。

国語

過去問に取り組む一番の目的は，志望校の傾向をつかみ，本番でどのように入試問題と向かい合うべきか考えることです。素材文の傾向，設問の傾向，問題数の傾向など，十分に研究していきましょう。

取り組む際は，まず解答用紙を確認しましょう。漢字や語句問題の量，記述問題の種類や量などが，解答用紙を見て，わかります。次に，ページをめくり，問題用紙全体を確認しましょう。どのような問題配列になっているのか，問題の難度はどの程度か，などを確認して，どの問題から取り組むべきかを判断するとよいでしょう。

一般的に「漢字」→「語句問題」→「読解問題」という形で取り組むと，効率よく時間を使うことができます。

また，解答用紙は，必ず，実際の大きさのものを使用しましょう。字数指定のない記述問題などは，解答欄の大きさから，書く量を考えていきましょう。

算数 出題傾向の分析と合格への対策

●出題傾向と内容

【1】に基本的な計算問題が多数出題されている。それほど難しい問題はなく，時間も充分にあるのであわてず確実に正解しよう。

【2】以降は「速さ」，「割合」をはじめとした重要な基本問題が幅広く出題されている。どの問題も，基礎力を確かめる問題であるが，最後の数問は，前半よりやや難しくなっている。

また，【2】以降では，「面積」と「体積・容積」，「速さ」，「割合」が必須項目となっており，文章題では，「和と差」の問題の出題率が高い。

学習のポイント

図形，速さ，割合をしっかりと基礎固めした上で，和差・平均算および表やグラフの問題をしっかりと練習しよう。

●2025年度の予想と対策

まず【1】で四則計算が出題されて，【2】以降で「図形」，「速さ」，「割合」を中心に基礎を幅広く問う問題が出題されるだろう。割合，速さは特殊算の形よりも基本公式を問う問題が多いので，しっかり基本を固めよう。

図形，速さ，割合を中心に学習を進め，その他の単元も基本問題はできるようにしておこう。

ここ数年の傾向として出題の幅が広がりつつある。「面積」「体積と容積」「表面積」の問題は来年度も出題されると予想されるので，対応できるよう日頃から学習を進めておきたい。

▼年度別出題内容分類表

※　よく出ている順に☆，◎，○の３段階で示してあります。

出題内容			2020年	2021年	2022年	2023年	2024年
数と計算		四則計算	◎	◎	◎	◎	◎
		概数・単位の換算					
		数の性質		○		◎	○
		演算記号					
図形		平面図形		☆	○		◎
		立体図形	◎	○	◎		
		面積	○	○	○	○	
		体積と容積	○	○		◎	◎
		縮図と拡大図					
		図形や点の移動					
速さ		三公式と比	◎	○	○	○	○
	文章題	旅人算					
		流水算					
		通過算・時計算					
割合		割合と比	◎	○	◎	○	◎
	文章題	相当算・還元算					
		倍数算					
		分配算					
		仕事算・ニュートン算			○		
文字と式							
2量の関係(比例・反比例)							
統計・表とグラフ						☆	○
場合の数・確からしさ							
数列・規則性					○		
論理・推理・集合			○	◎			
その他の文章題		和差・平均算	○	◎		◎	○
		つるかめ・過不足・差集め算	○				
		消去・年令算			◎	○	○
		植木・方陣算					

和光中学校

算数 ――グラフで見る最近5ヶ年の傾向――

最近5ヶ年に出題されたすべての問題を内容別に分類・集計し，全体に対して何パーセントくらいの割合になっているかを示しました。

……50校の平均　　……和光中学校

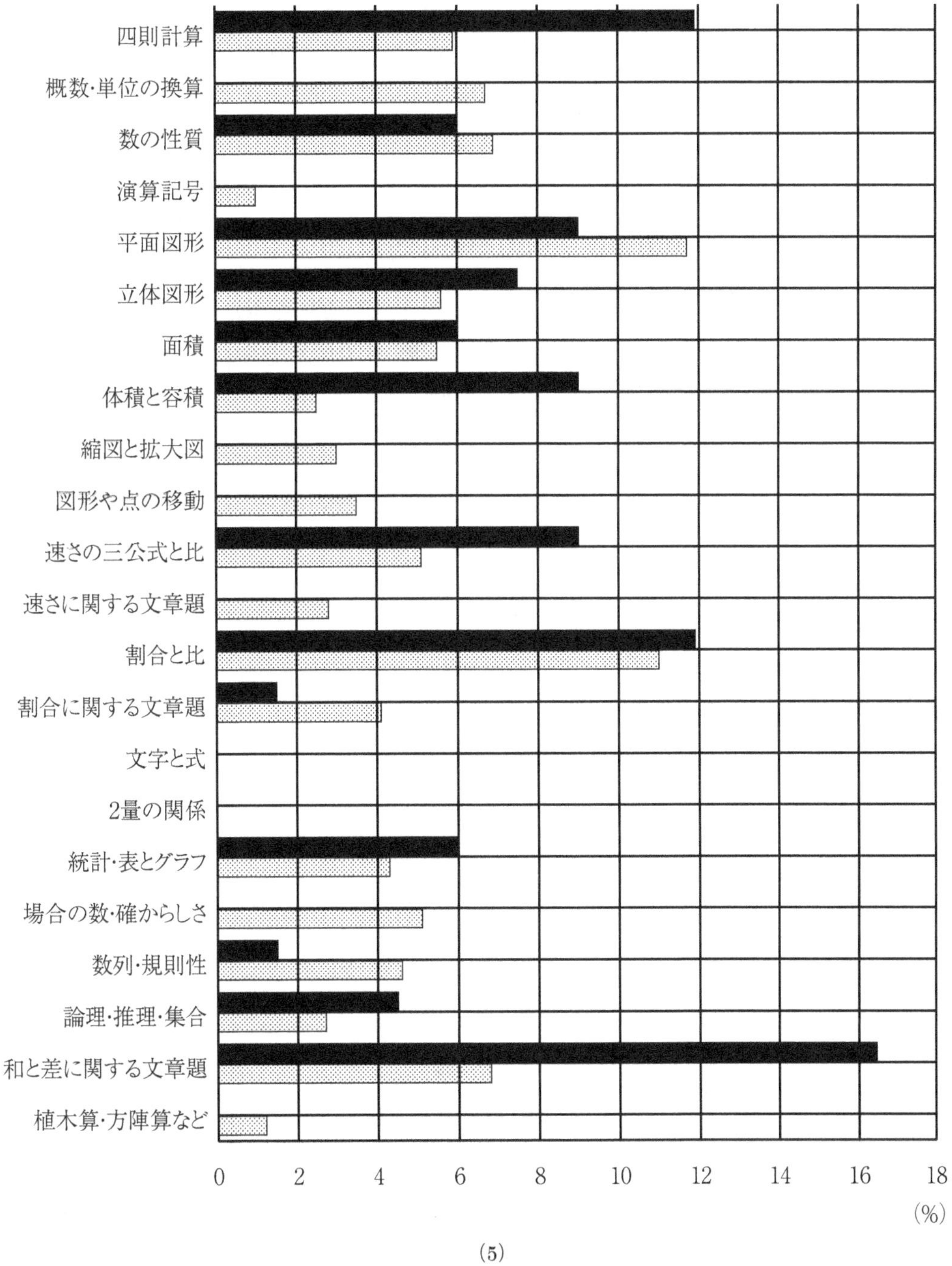

国語

出題傾向の分析と **合格への対策**

●出題傾向と内容

本年度も説明的文章と文学的文章の2題構成であった。

いずれの文章も内容は読みやすく，量も標準的である。心情や要旨，細部に対する読解力が求められている。

問題そのものはオーソドックスで，比較的解きやすいが，一つの大問につき，2～3問の記述問題が出題されている。字数制限はなく，文中語の単純な抜き出しでは対応できない。キーワードをおさえ，要点を自分の言葉で再構成する力が求められる。

漢字やことばの意味など知識分野は本文に組みこまれる形で出題されている。

学習のポイント

文学的文章の読解をきたえよう！
さまざまな形の記述を練習しよう！

●2025年度の予想と対策

読解問題の解答に記述力を求める傾向は今後も続くと予想される。

心情・情景の読み取りに関する問いは，かなり深くつっこんだ解答が要求されているので，キメ細かな読解力と明確な表現力が必要となってくる。小説や物語に接する際には，登場人物の行動や心情に注意を払いつつ，「なぜ」そうなったのか，そうしたのかを意識して読みすすめていってほしい。また，ここ数年の傾向となっている，説明的文章の文脈を丁寧に読み取って答える問題は，今後も出題されるだろう。過去に出題されていた作文の対策もしておきたい。

▼年度別出題内容分類表

※　よく出ている順に☆，◎，○の３段階で示してあります。

		出題内容	2020年	2021年	2022年	2023年	2024年
内容の分類	読解	主題・表題の読み取り					
		要旨・大意の読み取り			○	○	
		心情・情景の読み取り	☆	☆	☆	◎	◎
		論理展開・段落構成の読み取り					
		文章の細部の読み取り	☆	☆	☆	☆	☆
		指示語の問題			○		○
		接続語の問題	○	○	○	○	○
		空欄補充の問題	◎	◎	◎	◎	◎
	知識	ことばの意味	○	○		○	
		同類語・反対語					
		ことわざ・慣用句・四字熟語					
		漢字の読み書き	◎	◎	◎	◎	◎
		筆順・画数・部首					
		文と文節					
		ことばの用法・品詞					
		かなづかい					
		表現技法					
		文学作品と作者					
		敬語					
	表現	短文作成					
		記述力・表現力	☆	☆	☆	☆	☆
文の種類		論説文・説明文	○	○	○	○	○
		記録文・報告文					
		物語・小説・伝記	○	○	○	○	○
		随筆・紀行文・日記					
		詩（その解説も含む）					
		短歌・俳句（その解説も含む）					
		その他					

和光中学校

国語 ――グラフで見る最近５ヶ年の傾向――

最近５ヶ年に出題されたすべての問題を内容別に分類・集計し，全体に対して何パーセントくらいの割合になっているかを示しました。

……50校の平均　　　……和光中学校

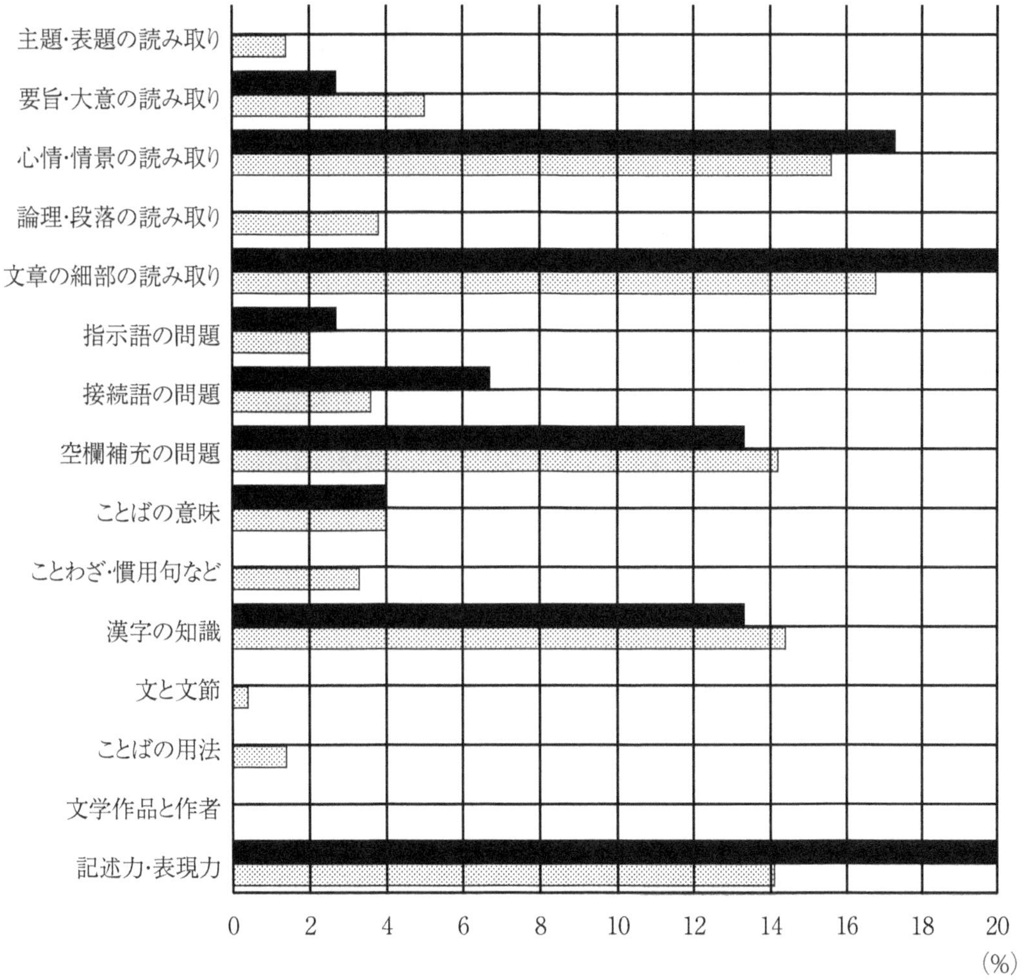

	論説文 説明文	物語・小説 伝記	随筆・紀行 文・日記	詩（その解説）	短歌・俳句（その解説）
和光中学校	50.0%	50.0%	0%	0%	0%
50校の平均	47.0%	45.0%	8.0%	0%	0%

2024年度　合否の鍵はこの問題だ!!

算　数　【3】(1)

時速○mは1時間に○m進む速さ，分速□mは1分間に□m進む速さ，秒速△mは1秒間に△m進む速さを表していることから，単位換算は次のように考えればよい。

時速○mは60分間に○m進むから，1分間には○÷60(m)進む。よって，分速○÷60(m)　　分速□mは60秒間に□m進むから，1秒間には□÷60(m)進む。よって，秒速□÷60(m)　　秒速△mは60秒間に△×60(m)進むから，分速△×60(m)　　分速□mは60分間に□×60(m)進むから，時速□×60(m)　　これらを表にすると右のようになる。

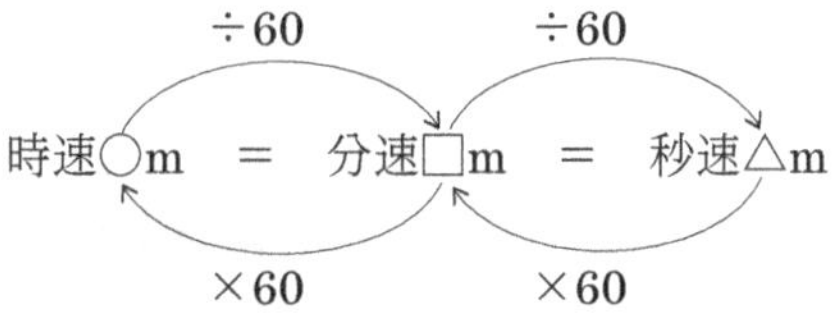

国　語　二　問二

★合否を分けるポイント

文中の「石段の影」とは何かを説明する記述問題である。物語の展開をていねいに読み取り，的確に説明できているかがポイントだ。

★物語の展開をていねいに追っていく

本文は，主人公の「ぼく(拓海)」が「石段の影」を見た翌日，澄ちゃんという三つ編みの女の子をこれまで五回見かけたことを山下さんに話す→山下さんが，その女の子について話を始める→この児童館は戦時中は小学校で，原爆の爆心地から近かったため，壁の前で五年生の女の子が被爆し，平和記念資料館の石段に座っていた人が盾になって影が残ったのと同じ理屈で，女の子のかたちだけが壁に残った。壁が焼けくずれてしまったあとも，女の子のお母さんは娘をさがしていたが，お母さんもまもなく原爆症で亡くなってしまった。建物は建てかえられたけれど，職員さんたちの話では，昔風の女の子を見かけたり，小さな歌声が聞こえたりするという→山下さんに「こわい？」と聞かれたが，こわいというより，かわいそうと答えながら，遺族はどんな姿でも帰ってきてほしいと言っていたと話す山下さんの言葉は「ぼく」の胸に突きささった，という内容になっている。「石段の影」は山下さんの話にあるように，平和記念資料館の石段に座っていた人が盾になって残った影であり，「ぼく」が見た澄ちゃんという女の子の影が壁に残っていたことも描かれているので，「石段の影」が女の子の影ではないことを読み取る必要がある。「『平和記念資料館の石段と同じ理屈よね』」と山下さんが話していることをふまえて，平和記念資料館の石段にどのような影が残ったのかを説明する，ということになる。物語の展開をていねいに読み取り，何を説明すべきかをしっかりととらえていこう。

2024年度

入　試　問　題

2024年度

和光中学校入試問題

【算　数】（45分）　＜満点：100点＞

【１】次の計算をしなさい。

(1)　$100-32\times3-4$

(2)　$76.5-7.65$

(3)　179×0.23

(4)　$13\div0.26$

(5)　$1\frac{3}{5}+\frac{13}{15}-\frac{11}{12}$

(6)　$3\frac{1}{2}\times\frac{9}{14}\div\frac{8}{11}$

(7)　$\left(4-\frac{1}{25}\right)\div2\frac{1}{5}+1\div5$

(8)　$(1.3\times4+0.2)\div0.27\div100$

(9)　$2024\times\left(\frac{1}{8}-\frac{1}{23}\right)\times\left(\frac{1}{3}-\frac{1}{5}\right)$

【２】$\frac{11}{16}$，0.7，$\frac{334}{480}$ を解答欄《らん》の不等号の順に並び変えなさい。

【３】次の［　　］に当てはまる答えを求めなさい。

(1)　時速４kmで２分24秒走ったキックボードは［　　m］進みます。

(2)　下の表は，あるグループの走り幅跳《はばと》びの記録を表したものです。６人の平均の記録とたかおさんの記録が同じであるとき，たかおさんの記録は［　　m　　cm］です。

名前	あつし	かずみ	さとし	たかお	なな	はやと
記録	3m82cm	4.12m	354cm		2.99m	4m8cm

(3)　６年後の父親の年令は，６年後の私の年令の３倍になります。母は父の４つ下の年令です。母は33才で結婚《けっこん》し，現在17年たちました。私は現在［　　才］です。

(4)　定価が税抜《ぜいぬ》きで2600円の服と［　　円］の服を買いました。２点買うと15％引きのセールをしていたので，税込《ぜいこ》み5610円を支払いました。
ただし消費税は10％とします。

(5)　２つの数の最小公倍数は60で，２つの数を足すと32になります。
この２つをかけると［　　］となります。

(6)　４％の食塩水200ｇと10％の食塩水300ｇを合わせると［　　％］の食塩水ができます。

【4】図１のような，よこ長の長方形の紙があります。たてもよこも20cmよりは長く，30cmよりは短い整数の長さです。よこの長さが20cmのところで，垂直に切り取ります。切り取った部分を図２のように，よこにたおしてくっつけると，全体のたての長さが31cmになりました。はみ出した部分（色付きの部分）の面積が24cm^{2}であるとき，元の長方形のたてとよこの長さを求めなさい。

図１

図２

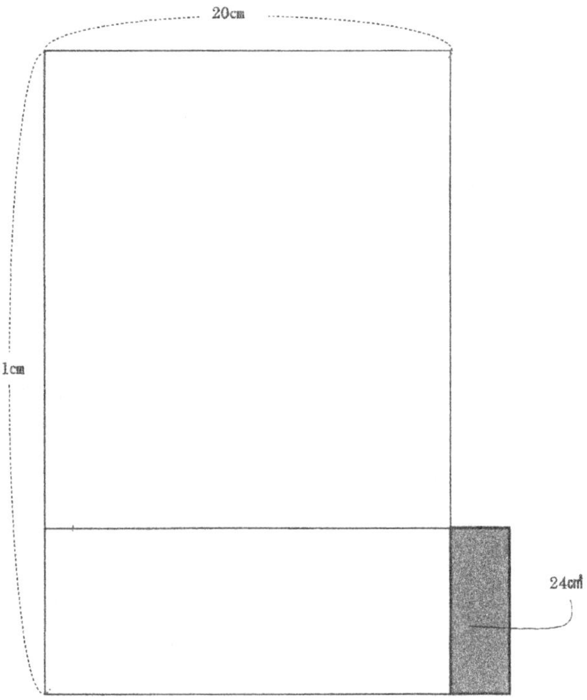

【５】次の問いに答えなさい。

図１のような底面積の半径が15cmの円柱形のすいそうに，高さが20cmになるまで水を入れます。そこに石を沈《しず》めると，水の高さが24cmになりました。

(1)　石（色のついた部分）の体積は何cm^3ですか。ただし，円周率は3.14とします。

図１

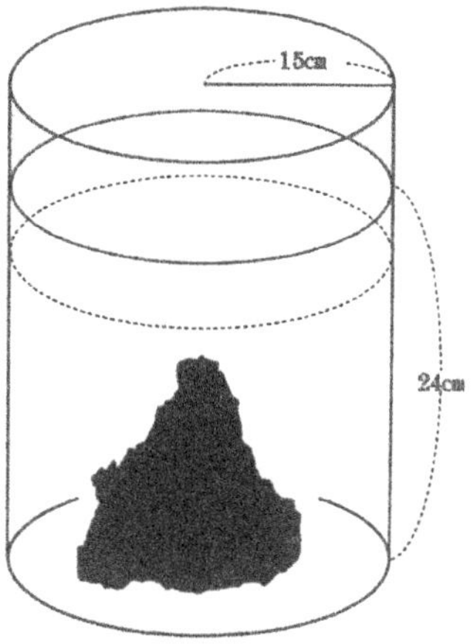

(2)　続いて図２のような，たて20cm，よこ60cmの直方体のすいそうに，高さが11cmになるまで水が入っています。そこに先ほどの石を沈《しず》めて，水を足したら，水の高さが14cmになりました。
つぎ足した水の体積は何cm^3になりますか。

図２

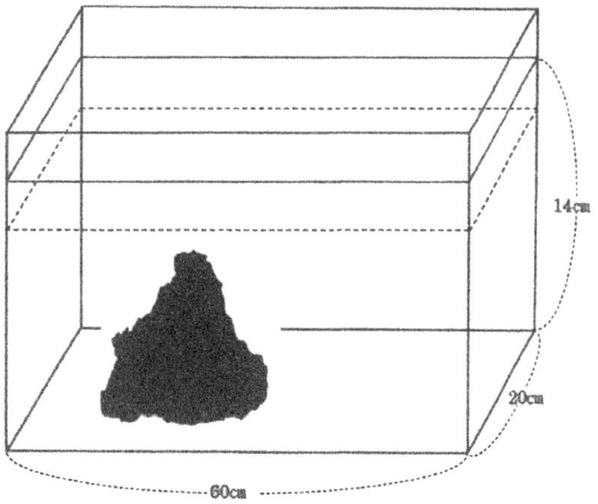

「うまいこと言えんのじゃけど、あの日いきなりおらんようになった人らのことをね、遺族《いぞく》らは、こわいとは思うとらんのよ。ただただ慕《した》わしいって言うか……」

山下さんのおばあちゃんも、ピカで子ども二人を⑤**失**ったのだそうだ。

「うちのおばあちゃんはね、どんな姿でもええから、あの子らに帰ってきてほしいって、いつも言うとったよ。おばけでも夢でもええからって」

どんな姿でもいい、夢でもいいから会いたいと思う相手は、まだぼくにはいないけど、それでも山下さんのおばあちゃんの言葉は胸に突《つ》きささった。

（朽木祥『かげふみ』光村図書出版）

※窯変…焼けて変色すること

問一 文中の――線①～⑤の漢字の読みをひらがなで答えなさい。

① **戦時中** ② **熱線** ③ **展示** ④ **鉄筋** ⑤ **失**った

問二 文中の「**石段の影**」とは何か、説明しなさい。

問三 文中の空欄《らん》**A**～**D**に入る言葉を次の中から選び記号で答えなさい。（同じ記号は一度しか使えない）

ア 山下さんは、うなずいた。

イ ゆっくりと、山下さんは口を開いた。

ウ 山下さんは、ぼくをじっと見つめた。

エ 山下さんは首を振った。

問四 文中のⓐ～ⓒの言葉の主語を次の中から選び記号で答えなさい。

ア 拓海 **イ** 山下さん

ウ リョウくん **エ** 被爆した五年生の女の子

オ 被爆した五年生の女の子の母親

問五 文中の「**山下さんは、さらにためらった様子だったが、「びっくりせんでね」と前置きして話し始めた。**」について、「山下さん」は「ぼく」がどんなことに驚くと予想しているのか説明しなさい。

問六 文中の「**山下さんは、ぼくの答えをきいて、ほっとしたみたいだった。**」について、その時の山下さんの気持ちを具体的に説明しなさい。

くんがつぶやいたのだった。「強烈なフラッシュをたいたみたいな感じじゃったんかなあ」って。

「だけど、そんなにすごい光や熱線を浴びたら、その女の子はどうなったの？」

「即死《そくし》じゃったんよ……」

　山下さんはぼくの顔をのぞきこんだ。

「もっとも、校庭におった子らはほとんど即死じゃったらしいけど…遺体を片づけた兵隊さんが、壁に残った影のことを覚えとってね」

　兵隊さんは、娘《むすめ》をさがしに来たお母さんに伝えたのだそうだ。

「首の細い、ほっそりした影じゃった。哀《あわ》れなことよのう、あれは、あの子の影じゃったろう」と。

　ぼくは思わず室内を見回した。新しくはないけど、そんなに古くもない。④鉄筋コンクリートの二階建てだ。

「その壁、今は、もうないの？」

［　C　］

　原爆投下後はそこらじゅうで火が出て、結局、校舎も焼けたのだ。壁も、焼けくずれたという。

「それでも、その子のお母さんは、焼け跡に何度も何度も来ておられたんと」

　山下さんは、つかのま、だまった。それから言葉を選びながら、ぼくの顔をじっと見ながら、話を続けた。

「……遺体《いたい》の状態がひどうて、特定できんかったんかもしれんねえ。娘がいきなり、この世からおらんようになったのが信じられんで、せめて影ないと（だけでも）見つけたかったんじゃなかろうか」

「そこに、ほんとにいたかどうか【ⓑ**知りたかった**】、ってこと？」

［　D　］

「どこぞに【ⓒ**逃《に》げて**】助かっとりはせんか、とも思うたじゃろうね」

　山下さんは、自分も被爆《ひばく》二世なのだと明かした。

「うちのおばあちゃんたちも、よう言うとった――あのころ広島では、あっちでもこっちでも、だれかがだれかをさがしとったって…そりゃあ、朝、元気で出ていったもんが、いきなりおらんようになったんじゃから、あきらめがつかん。なんでもええ、娘に関わるものを見つけたいと思うたんじゃろうねえ」

　でも壁は焼けくずれて、影もどこにあるか分からなくなってしまったのだ。

「そのお母さんもね、まもなく原爆症《げんばくしょう》で亡くなったんと……」

　――壁の前で死んだ子が澄《すみ》ちゃんだったんだろうか……壁に残った影を澄ちゃんもさがしているってこと？

　ぼくの内心の声が伝わったみたいに山下さんは言った。

「建物は建てかえられたんじゃけど、昔風の女の子を見かけることがあるって……あとは小さな歌声が聞こえたり」

　行政センターの職員さんたちからの話だという。

「……こわい？」

　ぼくは、かぶりを振った。

「ううん、こわいっていうより、かわいそう……」

　そう答えながら、ぼくはふと思ったのだ――「こわい」という言葉と「かわいそう」という言葉は、なんだか似てるって。

問六**山下さんは、ぼくの答えをきいて、ほっとしたみたいだった。**

問五　文中の「**そのことをあなたはどう考えているのですか**」について、以下の問に答えなさい。

①　「そのこと」とは何を指しているか説明しなさい。

②　この「村の男性」の問いに対して、あなたの日常生活にある事柄を例にあげながら、自分の意見を述べなさい。

二、次の文章を読んで、後の問に答えなさい。

問二 **石段の影《かげ》**を見た次の日、ぼくは思いきって山下さんと話してみることにした。

「前に、訊《き》いたこと、あったでしょ。三つ編《あ》みの女の子のこと。あの子ね、また来てたんだ」

［　A　］

「ぼくみたいに、どっか、よそから来た子なのかなあ」

［　B　］

「……その子のことなら、聞いたことは、ある……ほいじゃけど（だけど）、わたしは聞いたことがあるだけで、見かけたことは、のうてね（なくてね）」

「ほんとに？」

「全部で五回」

「ほんとうよ……拓海《たくみ》くんは何度も会うたの？」

即答《そくとう》できたのは、雨が降った日を日記で**【ⓐ確認していた】**からだった。

「ちらっと姿を見ただけの日も入れて、だけど」

ぼくは、雨の日のたびに、澄ちゃんを見かけた話をした。

「ほうなんじゃ……」

問五 **山下さんは、さらにためらった様子だったが、「びっくりせんでね」と前置きして話し始めた。**

この児童館は、元は行政センターだったが、①**戦時中**は小学校（当時、国民学校と呼ばれた）だったのだという。爆心地《ばくしんち》から近かったから、あの朝、たくさんの子どもが犠牲《ぎせい》になった。そのなかに一人、壁《かべ》の前で被《ひ》爆《ばく》した子どもがいた。五年生の女の子だった。

「拓海くんやリョウくんと同じ学年よね」

校舎《こうしゃ》入り口近くの、ひさしがない場所、タール塗《ぬ》りの壁の前だった。原爆の発した強烈《きょうれつ》な②**熱線**によってタールが溶《と》けた。だが、その子の体が盾《たて》になった部分だけはタールが溶けなかった。

女の子のほっそりした姿のかたちだけが、壁に残ったのだ。

「平和記念資料館の石段と同じ理屈《りくつ》よね」と山下さんは言った。「焼きつけられたんじゃのうて、人がおった（いた）部分だけ※窯変《ようへん》せんかったということ」

あの石段では、座っていた人が盾になったのだ。

「そうように（そんなふうに）残った影というか、跡《あと》みたいなものは、ほかにもあったんよ。立てかけてあったはしごやらハンドルレバーやらのかたちが壁に残ったり。アスファルトの橋にもね、欄干《らんかん》が盾になった部分だけ、白い跡が残ったんと。記念館で、そうような写真は見んかった？」

「石段の影は見た。それに、リョウくんがいろいろ教えてくれた」

あのとき、③**展示**の前でぼくがびっくりしていたら、横にいたリョウ

れるのではないか」

この気づきが、点滴灌漑の原点です。点滴灌漑は、水の少ないイスラエルで普及《ふきゅう》し、農業の生産量を上げるのに役立ちました。問四**ラダックではこの点滴灌漑と氷の塔の組み合わせによって、水不足を解消しようとしています。**

ラダックの試みはすばらしいですが、地球温暖化で気温がさらに上がれば雪の日はもっと少なくなり、山の氷も「氷の塔」の氷も、さらに早く溶けてしまうでしょう。

村の男性にこんなことを言われました。

「あなたたち先進国に住む人は、毎日たくさんの電気をつかい、水も豊富につかっている。わたしたちはほとんど電気をつかっていない。温室効果ガスも出していない。それなのに、地球温暖化の影響を受けて今後この場所で生活できなくなるかもしれない。問五**そのことをあなたはどう考えているのですか**」

まっすぐに見つめられ、言葉に詰《つ》まりました。ぼくたちは毎日たくさんの電気をつかっています。電力の八五パーセントが化石燃料からつくられている日本では、電気をつかうたびに温室効果ガスを出していることになります。

日本では温暖化で気温が上がっても、冷房の効いた部屋で⑤**カイテキ**に暮らすことができます。ラダックの人たちのように、水に困ることもありません。

［C］、いつのまにか遠くに暮らす人たちを困らせていたのです。

（橋本淳司『水辺のワンダー～世界を旅して未来を考えた～』文研出版）

※ラダック…インド旧ジャンムー・カシミール州東部の地方の名前

問一　文中の――線①～⑤を漢字に直しなさい。

①**すだった**　②**たまる**　③**ハカセ**

④**ガイロジュ**　⑤**カイテキ**

問二　文中の空欄《らん》A～Cに入る言葉を次の中から選び記号で答えなさい。

ア　ところが　**イ**　だから　**ウ**　なぜなら

エ　ところで　**オ**　あるいは

問三　文中の空欄《らん》XとYにあてはまる言葉を次のア～エから選び、記号で答えなさい。

〈X〉**ア**　一時的に作物の収穫《しゅうかく》量を増やします

イ　永久的に作物の収穫量を増やします

ウ　一時的に作物の収穫量を減らします

エ　永久的に作物の収穫量を減らします

〈Y〉**ア**　作物が大量に収穫《しゅうかく》され続けるため、やがて食物の大切さがわからなくなります

イ　すぐに砂漠《さばく》化をまねき、世界規模での温暖化の進行につながってしまいます

ウ　やがて地下水は涸《か》れてしまい、結局その土地で食料が生産できなくなります

エ　一瞬で氷の塔が崩壊《ほうかい》し、建物の破壊など、大きな事故に繫《つな》がる可能性があります

問四　文中の「**ラダックではこの点滴灌漑と氷の塔の組み合わせによって、水不足を解消しようとしています。**」について、「点滴灌漑」と「氷の塔」がそれぞれどのように水不足を解決したのか、まとめなさい。

【国　語】（四五分）〈満点：一〇〇点〉

一、次の文章を読んで、後の問に答えなさい。

※ラダックでは、いろいろな人が水不足をなんとかしようと、さまざまな工夫をしてきました。そのひとつが「氷の塔《とう》」です。

　これは、ラダック出身のエンジニア、ソナム・ワンチュクさんが考えたものです。ぼくが見た八月には八メートルほどの高さでしたが、二月につくられたときには二〇メートルくらいあったそうです。ラダックの二月の最高気温はマイナス二度くらいです。

　春になると、氷の塔は太陽の熱を受けてゆっくりと溶け、暮らしに必要な水を与えてくれます。［A］、氷の塔は、なぜ円すい形なのでしょうか。

［B］氷を平らに広く並べたら、太陽の熱をたくさん受け、早く溶けてしまうでしょう。ゆっくり溶かすには、太陽の熱を受けにくい形がいい。それで円すい形なのです。

　二〇一五年にはじめてつくられた塔は、その年の七月初旬《しょじゅん》まで残り、地元の人が植えた五〇〇〇本の苗木《なえぎ》に、一五〇万リットルの水を与えることができました。

　氷の塔づくりは、その後も毎年続けられ、集落ごとに塔の高さや数を競い合っています。高さ二〇メートルの塔からは約五〇〇〇トンの水を得ることができます。これは二五メートルプール一〇杯分です。氷の塔は、村に水をもたらし「奇跡《きせき》の塔」とも呼ばれています。放っておいたら溶けて流れてしまっていた水を、凍《こお》らせることで村にとどめたのです。氷の塔の考案者であるワンチュクさんは、この地に「セクモル」（SECMOL=The Students Educational and Cultural Movement of Ladakh／ラダックの学生教育文化運動）という学校をつくりました。生徒は一年間、いっしょに暮らしながら、水、エネルギー、食料を自給する技術を実践《じっせん》的に学びます。そのなかに氷の塔づくりも入っています。セクモルを①すだった人たちは、自分の村のために学んだ技術を生かし、さらに多くの人に伝えていっています。

　ラダックでは氷の塔によって村に水をとどめることはできるようになりましたが、農業につかうとなると、もうひと工夫必要でした。

　そもそも農業は大量の水をつかいます。地球上の淡水《たんすい》のうち、約七割が農業につかわれています。そのため世界各地で、大量の地下水が汲《く》み上げられています。場所によっては、その量が雨によって地下水が②たまる量をはるかに上回っています。そのため地下水が漏《も》れてしまったり、地盤沈下《じばんちんか》が起きたり、砂漠《さばく》化が進行したりしています。大規模な農業は［X］が、大量に水をつかい過ぎると、［Y］。

　それならば、水を大切につかう農業はできないでしょうか。

　解決方法の一つが「点滴灌漑《てんてきかんがい》」です。灌漑とは、水路などで農業に必要な水を人工的に引き入れること。点滴灌漑は、プラスチック製パイプに穴をあけ、作物の根のまわりだけにポタポタと少しずつ水を与えるというものです。この農法は一九六五年、イスラエルのシム・ブラス③ハカセにより開発されました。ブラスハカセは砂漠地帯で④ガイロジュが一本だけ大きく育っているのを見つけ、木の下を通る水道管から少しずつ水が漏れていることを探し当てました。

　「ゆっくりと植物に水を与えれば、水を無駄《むだ》にせず植物を良く育てら

2024年度

解　答　と　解　説

《2024年度の配点は解答欄に掲載してあります。》

＜算数解答＞《学校からの正答の発表はありません。》

【1】　(1)　0　　(2)　68.85　　(3)　41.17　　(4)　50　　(5)　$1\frac{11}{20}$　　(6)　$3\frac{3}{32}$
　(7)　2　　(8)　$\frac{1}{5}$[0.2]　　(9)　22

【2】　$\frac{11}{16}<\frac{334}{480}<0.7$

【3】　(1)　160m　　(2)　3m71cm　　(3)　14才　　(4)　3400円　　(5)　240
　(6)　7.6%

【4】　たて　23cm　　よこ　28cm　　【5】　(1)　2826cm^3　　(2)　774cm^3

○推定配点○
各5点×20　　計100点

＜算数解説＞

基本 【1】 (四則計算)

(1)　$100-96-4=100-(96+4)=0$

(2)　筆算は右のようになる。

(3)　筆算は右のようになる。

(4)　筆算は右のようになる。

(2)
```
   76.5
 －  7.65
   68.85
```

(3)
```
     179
  × 0.23
     537
    358
   41.17
```

(4)
```
            50
0.26.)13.00.
      130
         0
```

(5)　$1\frac{9}{15}+\frac{13}{15}-\frac{11}{12}=1\frac{22}{15}-\frac{11}{12}=1\frac{88}{60}-\frac{55}{60}=1\frac{33}{60}=1\frac{11}{20}$

(6)　$\frac{7}{2}\times\frac{9}{14}\times\frac{11}{8}=\frac{99}{32}=3\frac{3}{32}$

(7)　$\frac{100-1}{25}\div\frac{11}{5}+\frac{1}{5}=\frac{99}{25}\times\frac{5}{11}+\frac{1}{5}=\frac{9}{5}+\frac{1}{5}=\frac{10}{5}=2$

(8)　$(5.2+0.2)\div\frac{27}{100}\div100=\frac{54}{10}\times\frac{100}{27}\times\frac{1}{100}=\frac{1}{5}$

(9)　$2024\times\frac{23-8}{8\times23}\times\frac{5-3}{3\times5}=2024\times\frac{15}{8\times23}\times\frac{2}{3\times5}=22$

重要 【2】 (分数)

$\frac{11}{16}=11\div16=0.68\cdots$　　$\frac{334}{480}=334\div480=0.69\cdots$より，$\frac{11}{16}<\frac{334}{480}<0.7$

重要 【3】 (速さ，平均，表，年令算，割合，約数・倍数，濃度)

(1)　時速4kmとは，1時間に4km，すなわち60分間に4000m進む速さだから，分速は4000÷60＝$\frac{200}{3}$(m)　一方，2分24秒は$2\frac{24}{60}=2\frac{2}{5}$(分)だから，求める距離は$\frac{200}{3}\times2\frac{2}{5}=160$(m)である。

(2)　たかおさんの記録はたかおさん以外の5人の平均と同じである。1(m)＝100(cm)だから，(382＋412＋354＋299＋408)÷5＝1855÷5＝371(cm)＝3(m)71(cm)である。

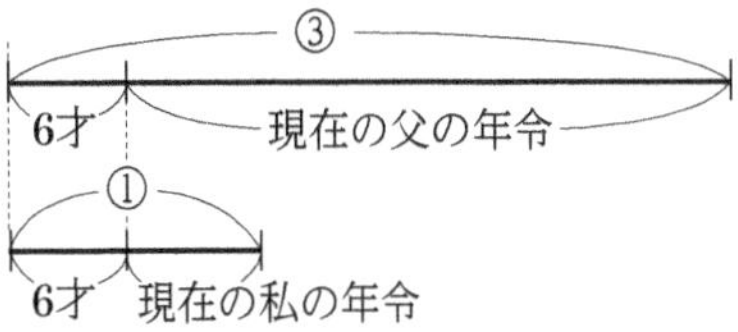

(3)　父と私の年令を線分図で表すと右のようになる。現在の母の年令は33＋17＝50(才)だから，現在の父の年

令は50＋4＝54(才)である。③の年令は6＋54＝60(才)だから，①は60÷3＝20(才)　よって，私の現在の年令は20－6＝14(才)である。

(4)　税抜きの価格は5610÷(1＋0.1)＝5100(円)だから，定価は5100÷(1－0.15)＝6000(円)　よって，もう一方の服の定価は6000－2600＝3400(円)である。

(5)　60の約数で，和が32になる2つの数の組み合わせは(2，30)と(12，20)が考えられる。このうち最小公倍数が60になるのは(12，20)だから，答えは12×20＝240である。

(6)　4％の食塩水に含まれている食塩は200×0.04＝8(g)　10％の食塩水に含まれている食塩は300×0.1＝30(g)だから，合わせた食塩水200＋300＝500(g)に含まれている食塩は8＋30＝38(g)　よって，濃度は38÷500×100＝7.6(％)である。

やや難 **【4】** (平面図形)

図1のように，もとの長方形のたての辺にも長さ20cmのところに垂直な線を引き，たて，横の20cmより長い部分をそれぞれ$x$cm，$y$cmとする。切り取った部分をくっつけると，はみ出した部分(色付きの部分)は右の図2のようになる。$x \times y = 24$となるxとyの組み合わせは(3，8)と(4，6)　このうち$x + y = 31 - 20 = 11$(cm)になるのは，(3，8)だから，もとの長方形のたての長さは20＋3＝23(cm)　横の長さは20＋8＝28(cm)である。

図1

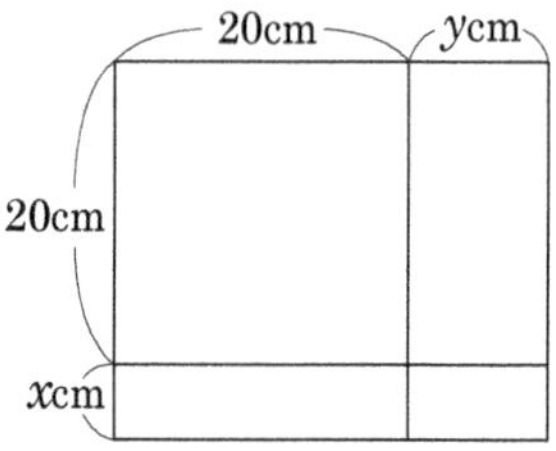

図2

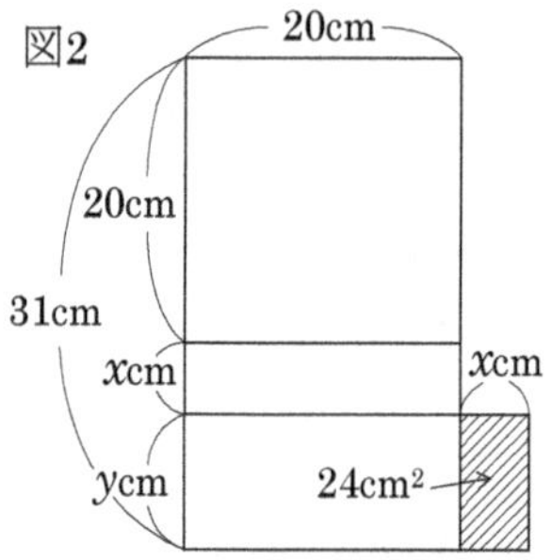

【5】 (水量変化)

重要　(1)　石の体積は上昇した部分の水の体積と等しいから，15×15×3.14×(24－20)＝2826(cm³)である。

やや難　(2)　上昇した部分の水の体積は20×60×(14－11)＝3600(cm³)　このうち石の体積の分が2826cm³だから，つぎ足した水の体積は3600－2826＝774(cm³)である。

★ワンポイントアドバイス★

【3】(2)の表の記録の単位に注意しよう。cmにそろえた数値をかきこんでから立式するとよいだろう。

＜国語解答＞《学校からの正答の発表はありません。》

一　問一　①　巣立(った)　②　貯(まる)　③　博士　④　街路樹　⑤　快適

問二　A　エ　B　ウ　C　ア　問三　X　ア　Y　ウ

問四　(例)　(点滴灌漑)　穴をあけたパイプを通して，作物の根のまわりにだけ少しずつゆっくりと水を与えることで，水を無駄に使わずに済む。　(氷の塔)　放っておいたら溶けて流れてしまっていた水を円すい形に凍らせ，ゆっくりと溶かすことで，水をとどめることができた。　問五　(例)　①　先進国に住む人が地球温暖化の原因を作ったことで，電気も使っていない遠くに暮らす人たちを困らせていたこと。　② エアコンや電気を使う前に本当に必要かをまず考え，ゴミや食品ロスを減らして，温暖化を意識した生活を心がけたい。

二　問一　① せんじちゅう　② ねっせん　③ てんじ　④ てっきん　⑤ うしな(った)　問二 （例） 平和記念資料館の石段に座っていた人が，原爆の光や熱線の盾になって，座っていた部分だけが黒いまま残った影のこと。　問三 A ウ　B イ　C エ　D ア　問四 ⓐ ア　ⓑ オ　ⓒ エ　問五 （例） 「ぼく」が雨の日のたびに見かけた澄ちゃんは，被爆して即死していたこと。　問六 （例） 澄ちゃんが被爆して即死した壁があった所で，今も昔風の女の子を見かけるという職員さんの話に，こわいというより，その女の子がかわいそうと「ぼく」が感じていることに安心している気持ち。

○推定配点○

一　問四　各6点×2　問五　各9点×2　他　各2点×10

二　問二・問六　各10点×2　問五　6点　他　各2点×12　計100点

＜国語解説＞

一 **（説明文－要旨・大意・細部の読み取り，接続語，空欄補充，漢字の書き取り，記述力）**

基本　問一　____線①の「巣立つ」は学校を卒業するなどして社会に出ること。②の音読みは「チョ」。熟語は「貯蓄」など。③の「博」の九画目「`」を忘れないこと。「士」の一・三画目の長さに注意。④は市街地の道路に植えられた樹木のこと。⑤の「適」を「敵」などとまちがえないこと。

問二　空欄Aは直前の内容から別の話題にうつっているのでエ，Bは直前の内容の理由が続いているのでウ，Cは直前の内容とは反対の内容が続いているのでアがそれぞれ入る。

問三　空欄X・Yのある文は「大規模な農業」の問題点を述べているので，Xにはア，「大量に水をつかい過ぎる」結果であるYにはウがそれぞれあてはまる。

問四 「点滴灌漑」については「解決方法の……」から続く3段落で，「点滴灌漑は，プラスチック製パイプに穴をあけ，作物の根のまわりだけに……少しずつ水を与えるというもので……『ゆっくりと植物に水を与えれば，水を無駄にせず植物を良く育てられるのではないか』この気づきが，点滴灌漑の原点で」あると述べている。「氷の塔」については「春になると……」から続く4段落で，「円すい形」の「氷の塔」は「放っておいたら溶けて流れてしまっていた水を，凍らせることで村にとどめた」ことを述べている。これらの内容をふまえ，それぞれがどのように水不足を解決したかを具体的に説明する。

問五　① 「そのこと……」は直前の「『……先進国に住む人は，毎日たくさんの電気を使い，水も豊富につかっている。わたしたちはほとんど電気をつかっていない……それなのに，地球温暖化の影響を受けて……生活できなくなるかもしれない』」ということを指しており，この後で，「電気を使うたびに温室効果ガスを出していることになり」「遠くに暮らす人たちを困らせていた」と述べていることもふまえ，具体的に説明する。　② 解答例では，エアコンや電気の使い方などを考え，温暖化を意識した生活を心がけることを述べている。他にも自動車の使用など，便利で快適なものが地球温暖化の原因として考えられる。「日常生活」を振り返って，温暖化を防ぐためにできることは何かを具体的に考えていこう。

二 **（小説－心情・細部の読み取り，空欄補充，漢字の読み，ことばの意味，記述力）**

基本　問一　____線①は戦争が行われている間。②は高熱をともなった光線のこと。③は作品などを並べて一般に公開すること。④の「鉄筋コンクリート」は鉄棒を中に入れて固めたコンクリート。⑤の音読みは「シツ」。熟語は「失敗」など。

重要 問二 「石段の影」は，「この児童館は……」から始まる場面で，山下さんが「『平和記念資料館の石段……』」と話している「石段」のことで，「原爆の発した強烈な熱線によって……その子の体が盾になった部分だけはタールが溶けなかった」ことと「『同じ理屈よね』」と話していることをふまえ，「平和記念資料館の石段に座っていた人が，原爆の光や熱線の盾になって，座っていた部分だけが黒いまま残った影のこと」というような内容で説明する。

問三 空欄Aは「ぼく」の話を真剣に聞いている山下さんの様子を表すウ，Bは直後で山下さんが話を始めているのでイ，Cは直前の「ぼく」の質問に答える様子を表すエ，Dは直前の「ぼく」の言葉に同意する様子を表すアがそれぞれ入る。

問四 ⓐは直前の山下さんの「『拓海くんは……』」という問いかけに対し，「ぼく」自身，すなわち「拓海」自身が「日記で確認していた」ということ。ⓑは被爆した五年生の女の子の「お母さん」が焼け跡に何度も来て娘がそこに本当にいたか「知りたかった」ということ。ⓒは「被爆した五年生の女の子」がどこかに「逃げて」助かっていないだろうか，と女の子のお母さんが思ったのだろうということ。

問五 「山下さんは……話し始めた」前で，「ぼく」が「雨の日のたびに，澄ちゃんを見かけた話をし」ているが，この後で描かれているように，澄ちゃんは被爆して即死していたことを山下さんが話していることから，これらの内容をふまえて，山下さんが「ぼく」が何に驚くと予想しているのかを具体的に説明する。

やや難 問六 「ぼくの答え」とは，行政センターだった建物に「『昔風の女の子を見かける……小さな歌声が聞こえた』」という職員さんたちの話を「『……こわいっていうより，かわいそう……』」と「ぼく」が答えたことなので，このことをふまえて，山下さんが「ほっとした」気持ちを具体的に説明する。

★ワンポイントアドバイス★

論理的文章では，実際の出来事について筆者がどのように感じているかを読み取っていこう。

2023年度

入　試　問　題

2023年度

和光中学校入試問題

【算　数】（45分）　＜満点：100点＞

【1】 次の計算をしなさい。

(1) $24+72\div4\times6$

(2) $58+432\div(97-61)$

(3) $17.5-8.63$

(4) 164×0.25

(5) $27\div0.72$

(6) $2\frac{3}{5}+\frac{1}{6}-\frac{11}{12}$

(7) $\frac{3}{8}\times2\frac{2}{7}\div\frac{5}{6}$

(8) $2\frac{7}{9}-\frac{11}{18}\div\frac{3}{5}$

(9) $\frac{7}{8}+2\frac{1}{5}+(8.004-2.119)$

【2】 $\frac{4}{13}$, $\frac{164}{520}$, 0.3　を解答欄《らん》の不等号の順に並び変えなさい。

【3】 次の □ に当てはまる答えを求めなさい。

(1) $\frac{1}{20}$, $\frac{2}{20}$, $\frac{3}{20}$, …, $\frac{19}{20}$と続く19の分数のうち，約分できない分数だけをすべて足すと □ になります。

(2) ある赤ちゃんは10mの部屋を30秒かけてハイハイしました。

このハイハイは □時速　　　km□ です。

(3) 下の表は，ある日の習い事にかかった時間を表したものです。6人の習い事の平均は1時間42分でした。れんさんの習い事の時間は □　　時間　　分□ です。

名前	ゆあ	れん	あおい	ひろと	ひな	そうた
時間	1時間29分		2時間6分	53分	65分	2時間22分

(4) 5年前の話ですが，祖父は私の年令の9倍でした。当時父は41才でした。また，父は祖父が31才の時に産まれたそうです。私は現在 □　　才□ です。

⑸　K駅からT駅までの片道運賃が290円です。この区間を30日間往復するのにかかる総額の24%の金額を計算し，100円未満を切り捨てる（例：2187円→2100円）と，この区間の通学定期代金と同額になります。

この区間の通学定期代金は［　　　円］です。

【4】　次のグラフは，あるサッカーチームに所属する，あお選手とかおる選手のパスの本数を試合ごとにまとめたものです。次の問いに答えなさい。

⑴　あお選手とかおる選手の合計本数が一番多かった試合はどの試合か答えなさい。

⑵　かおる選手のパスの本数が60本を超えた試合を全て答えなさい。

⑶　あお選手の5試合の平均は86本でした。次の試合を終え，6試合での平均本数を計算すると87本でした。6試合目のあお選手のパスの本数を求めなさい。

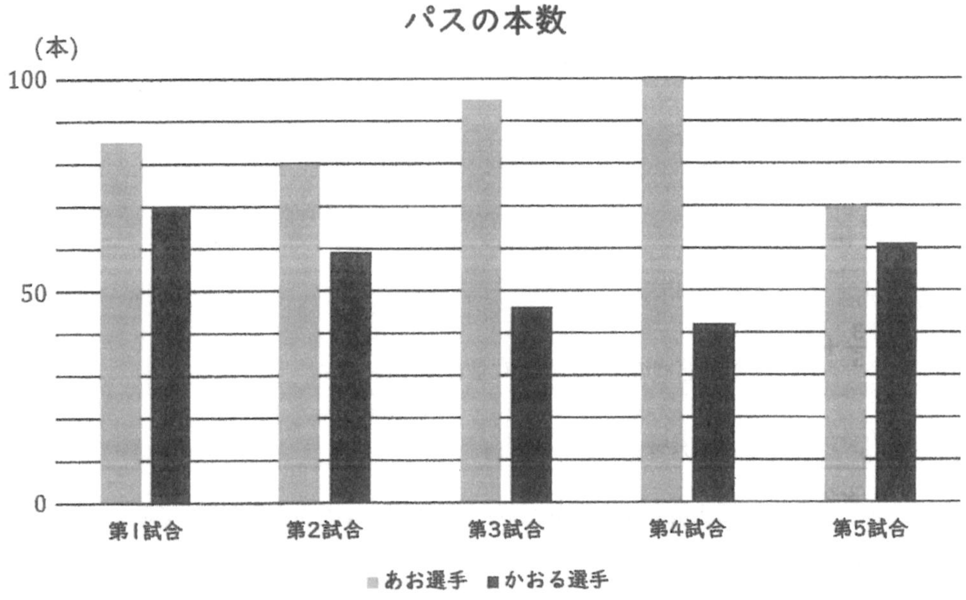

【5】　図1のような底面が横15㎝，縦8㎝の直方体の水そうを左にかたむけています。次の問いに答えなさい。

⑴　この容器に入っている水（色がついた部分）の体積は何㎤ですか。

図1

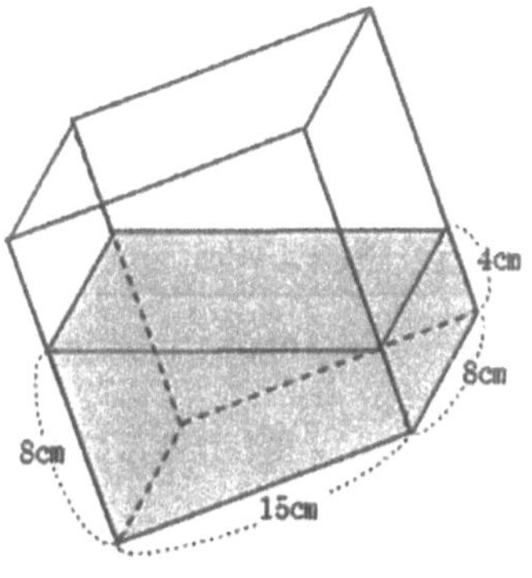

⑵　図１に入っている水を図２のような１辺が12cmの立方体の水そうに入れかえたとき，高さは何cmになりますか。

図２

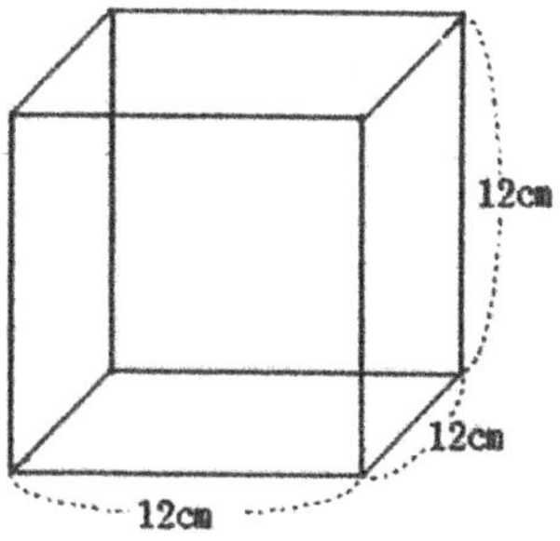

【６】　１辺が20cmの正方形ABCDがあります。図のように，正方形に内接する大円と対角線AC，BDの２本をかきます。次に大円と対角線ACに内接する中円を２つかきます。最後に中円と対角線BDに内接する小円を２つかきます。

色がついた部分の面積を求めなさい。ただし，円周率は3.14とします。

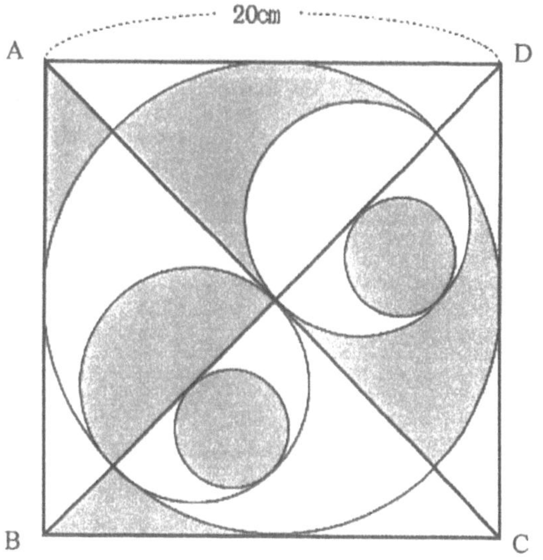

今のチームに満足していないこと。高校はインターハイ常連校である里中高をねらっていること。できればプロ選手になりたいと思っていること。

こんな告白をしたら、小杉は自分を仲間と認めてくれるんじゃないだろうか。

唯一、コーチに認められている自分なら、いっしょにがんばってみようと思ってくれるんじゃないだろうか。そのために、メンバーとうまくやってもいいと、心を入れ替《か》えてくれるんじゃないだろうか。

明良は再び走りだした。

（草野たき『リリース』ポプラ社）

問一 文中の――線①～⑤の漢字の読みを答えなさい。

① **態度**　② **愛想**　③ **口調**　④ **満ちた**　⑤ **秘めた**

問二 文中のＡ「**ため息**」とＢ「**ため息**」の違いを説明しなさい。

問三 文中に「**真野の気持ち**」とありますが、「真野」はどのような人物で何を望んでいるのか、文章全体から読み取れることを答えなさい。

問四 文中の空らん Ａ ～ Ｄ にあてはまる言葉を次の中から選び記号で答えなさい。

ア ちらりと　**イ** クッと　**ウ** しみじみと　**エ** ホッと

問五 文中の「雑魚」とは、この場合にどのような意味を示すか、次の中から選び記号で答えなさい。

ア 取るに足らない小さなもの　**イ** いろいろな種類のもの

ウ とりとめのないもの　**エ** 大ざっぱなもの

問六 文中の「**とっさに浮《う》かんだ本音は、だけど、声にはならなかった**」のはなぜか、この時の明良の気持ちを説明しなさい。

しかし吉田は、ため息程度ではおさまらなかった。

「調子にのってんじゃねーよ」

やっと静まった怒りに再び火がついたかと、一瞬《いっしゅん》みんなに緊張《きんちょう》が走る。

「いいよ、放っておこうよ」

すると、真野《まの》が明るい声でいった。そして、吉田の肩《かた》に手を置くと、顔をのぞきこんで続けた。

「仲間割れしたって、いいことないだろ？」

あきれるでもなく、怒《おこ》るでもない真野の言葉に、だれもが［A］しているのがわかった。

そんな問三**真野の気持ち**にこたえるように、吉田はそれ以上なにもいわなかった。うつむいて、［B］くちびるをかんで、怒りをおさえている。

だけど、今度は和田の我慢《がまん》がきかなかった。

「あれが、仲間なのかなぁ」

もう、限界だった。

こんな友情ごっこに、つきあってられるか！

明良は、おもわず立ち上がった。

「後藤《ごとう》？」

真野が、心配そうに明良を見上げる。

「てめえら、いい加減にしろよ！悪いのは、おまえらじゃないか。やる気がないなら、強くなりたいと思わないなら、バスケ部なんてやめろ！問五**雑魚**（ザコ）のくせに、真剣《しんけん》にやりたいオレや小杉の邪魔《じゃま》すんじゃねーよ！」

問六**とっさに浮《う》かんだ本音は、だけど、声にはならなかった。**

そして気がつくと、明良はおだやかな③**口調**でこういっていた。

「オレ、ちょっと、小杉と話してみるよ」

急ぎ足で歩きだす自分を、みんなが目で追いかけているのがわかった。だけど明良は、本音を見やぶられていないか不安で、だれとも目をあわせることができなかった。

「キャプテン、よろしく！」

体育館をでるとき、唯一《ゆいいつ》真野が、声をかけてくれた。［C］見ると、期待に④**満ちた**目で手を上げている。明良は小さくうなずくとかけだした。

心臓がばくばくしていた。

おもわずキレそうになった自分にどぎまぎしていた。あんなこといったら、今までうまくやってきた努力が、水の泡《あわ》だ。

明良は歩調をゆるめると、［D］安堵《あんど》のため息をついた。

しかし、もう、我慢の限界がきていることもわかっていた。

だって、本当なら自分は小杉側の人間なのだ。

コーチに選ばれた、大きな可能性を⑤**秘めた**プレイヤーなのだ。

もう、身体ならし程度じゃ満足できない。おもいっきり練習して、うまくなって、試合に勝つ快感を味わいたい。それが、小杉とならできるのだ。

小杉となら…。

明良は足を止めた。

たとえば…。

自分が本気でバスケをやっているのだと知ったら、小杉はどう思うだろう。

図2

白鳥の首フラスコ

二、次の文章を読んで後の問に答えなさい。

怒《いか》りがおさまって、吉田《よしだ》がようやく落ち着きをとりもどしたころだった。

メンバーは、一年もふくめて全員が吉田を囲むようにして座りこんでいた。そうすることで、吉田の気持ちを理解しているという意思表示をしているつもりらしかった。

そんな友情ごっこにつきあいながら、明良《あきら》はあきれるのを通り越《こ》して、怒りに近い感情を胸でくすぶらせていた。

もちろん、コーチの①**態度**はよくない。だけど、そんな態度をとらせているのが自分たちだと、どうしてだれも気づかないのか。どうしても勝ちたい、だから徹底的《てっていてき》にしごいてくださいという態度でのぞめば、コーチだって本気で指導してくれるはずなのだ。コーチの態度がくやしかったら、キレるんじゃなくて、プレイで見返してやればいいのに、どうしてだれもそういう発想をしないのか。

「小杉《こすぎ》く～ん、帰るのかよお」

ひとり体育館をでていこうとする小杉に、和田《わだ》が不満そうな声をあげる。

「あのコーチ、小杉くんのために、呼ばれてるんだけどなぁ。オレたちだけなら、コーチはこなかったわけだしさぁ」

谷口《たにぐち》が、大声でぼやいてみせる。だけど小杉は、なにもいわずにそのまま体育館をでていってしまった。

「あら、いっちゃったわ」

久野《くの》が場をなごまそうとするかのように、おどけた声をあげたけど、そのあと全員が不満そうな問二A**ため息**をついているのを見て、明良はだれよりも深く問二B**ため息**をついた。

どうして、小杉がきたことを、チャンスだと思わない？どうして、小杉のおかげでバスケを知りつくしているコーチがきてくれたと思わない？

②**愛想**をつかされて当然だと思った。小杉が、こんな生ぬるい友情ごっこにつきあうわけないのだ。

「なんだよ、あいつ」

１８６１年、パスツールはフラスコの口をあつくして長く伸ばし、図２のような「白鳥の首フラスコ」をつくりました。問五 このフラスコは（　　　　　　　　　　　）。フラスコを十分熱して、スープの中にいる細菌を殺すと、しばらくそのままにしておいても細菌は生まれず、スープはくさりませんでした。こうして、空気があっても自然に生まれてこないことが証明されたのです。

（山﨑慶太『食べものはなぜくさるのか』大月書店）

問一 文中の――線①～⑤を漢字に直しなさい。

① **シュルイ**　② **あつい**　③ **キュウシュウ**　④ **ヒテイ**

⑤ **ほのお**

問二 文中の空らん A ・ B に入る言葉を次の中から選び記号で答えなさい。

ア しかし　**イ** だから　**ウ** そして　**エ** なぜなら

オ つまり

問三 文中の「**イヌやネコなどの肉食動物のフンに比べて、ヤギやウサギなどの草食動物のフンの方がくさくない**」について、その理由を説明しなさい。

問四 文中の空らん 問四 にあてはまる言葉を次の**ア**～**エ**から選び、記号で答えなさい。

ア 細菌は植物の成分から生まれ熱によって増えていく

イ 細菌は空気に触れることで一度全て死んでしまう

ウ 細菌は親の細菌がいないところからは生まれない

エ 細菌を長期間保存するためには食物が必要である

問五 文中にある「このフラスコは（　）。」という一文の（　）の中には「白鳥の首フラスコ」の仕組みについての説明が入ります。「白鳥の首フラスコ」にはスパランツァーニが使用したフラスコと比べてどのような特徴があり、またそれが何のためなのか、図を参考にして推測しながら答えなさい。（　）に当てはまる形で答えること。

図一

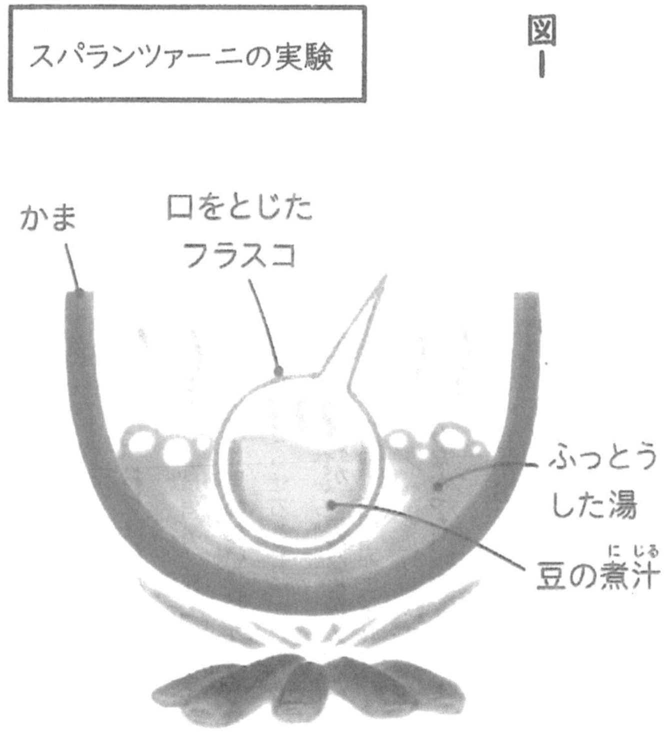

【国　語】（四五分）〈満点：一〇〇点〉

一、次の文章を読んで後の問に答えなさい。

食べるものがくさったとき、くさくなるのは、おもにタンパク質が原因です。

タンパク質は、炭素・水素・酸素の他に、窒素《ちっそ》や硫黄《いおう》がむすびついた有機物です。そのため、タンパク質がくさると、窒素や硫黄を含む有機物や無機物が何①**シュルイ**もできます。これらの物質はどれもくさくて害があります。

肉や魚がくさるとくさいのに、野菜や果物がくさってもあまりくさくなりません。それは、植物のからだは、動物のからだとくらべるとタンパク質の割合が少ないためです。生物のからだは細胞《さいぼう》という小さな部屋がたくさん集まってできています。細胞のなかは、動物も植物も水以外はほとんどがタンパク質です。しかし、植物の細胞は動物にはない細胞壁《さいぼうへき》という②**あつ**い壁《かべ》におおわれています。細胞壁はセルロースという炭水化物でできています。その分、動物の細胞とくらべると炭水化物が多く、タンパク質が少なくなっています。だから、問三**イヌやネコなどの肉食動物のフンに比べて、ヤギやウサギなどの草食動物のフンの方がくさくない**のです。

食べものをくさらせる原因はなんでしょうか。その代表が細菌《さいきん》です。細菌は生物ですが、からだがたったひとつの細胞からできている「単細胞生物」です。細菌《さいきん》の細胞は動物や植物の細胞とくらべるとずっと小さくて、１０分の１～１００分の１の長さしかありません。

細菌は、食べものにふくまれている有機物を変化させます。［　A　］、変化した有機物を取り入れて、自分のからだをつくる材料にしたり、生きるためのエネルギーにつかっています。

食べものがくさるということは、食べものについた細菌が、必要な物質を③**キュウシュウ**するために、食べものにふくまれている有機物を別の有機物に変化させたり、吸収した有機物を別の有機物や無機物に変化させてからだの外にすてた結果なのです。

１６７２年、オランダのレーウェンフックは自分で顕微鏡《けんびきょう》をつくって、細菌や水中のプランクトンなど、目に見えない生物を発見しました。１８世紀には、細菌が食べものをくさらせることにかかわっていることがわかってきました。そのころは、外から細菌がくるのではなく、そのままにしておくと、食べものから自然に細菌が生まれてくると考えられていました。しかし、１７６５年にイタリアのスパランツァーニがそれを④**ヒテイ**する実験を行いました。フラスコに豆の煮汁《にじる》を入れて、空気を追い出してから口の部分に⑤**ほのお**を当ててガラスをとかして閉じます。その後、フラスコをふっとうした湯の中で熱して細菌を殺すと、長期間保存しても細菌は再びあらわれませんでした。つまり、「［　問四　］」ことを証明したのです（図１）。

彼のジッケンはのちに、食品を長期に保存する方法として大きな影響《えいきょう》を与えました。

［　B　］、スパランツァーニのジッケンに対して、「細菌が生まれなかったのは、空気がなくなったからだ」という反論が出されました。それに対して、空気があっても細菌が外から入らなければくさらないことを証明したのはフランスのパスツールでした。

2023年度

解　答　と　解　説

《2023年度の配点は解答欄に掲載してあります。》

＜算数解答＞《学校からの正答の発表はありません。》

【1】 (1)　132　(2)　70　(3)　8.87　(4)　41　(5)　37.5　(6)　$1\frac{17}{20}$

(7)　$1\frac{1}{35}$　(8)　$1\frac{41}{54}$　(9)　$8\frac{24}{25}$

【2】 $0.3<\frac{4}{13}<\frac{164}{520}$

【3】 (1)　4　(2)　時速1.2km　(3)　2時間17分　(4)　13才　(5)　4100円

【4】 (1)　第1試合　(2)　第1，5試合　(3)　92本

【5】 (1)　720cm^3　(2)　5cm　【6】 178.5cm^2

○推定配点○

【1】 (1)～(5)　各4点×5　他　各5点×16(【4】(2)完答)　計100点

＜算数解説＞

基本 【1】 (四則計算)

(1)　$24+18\times6=24+108=132$

(2)　$58+432\div36=58+12=70$

(3)　筆算は右図aのようになる。

(4)　$164\times\frac{1}{4}=41$

(5)　筆算は右図bのようになる。

(6)　$2\frac{36}{60}+\frac{10}{60}-\frac{55}{60}=2\frac{46}{60}-\frac{55}{60}=1\frac{51}{60}=1\frac{17}{20}$

(7)　$\frac{3}{8}\times\frac{16}{7}\times\frac{6}{5}=\frac{36}{35}=1\frac{1}{35}$

(8)　$2\frac{7}{9}-\frac{11}{18}\times\frac{5}{3}=2\frac{42}{54}-\frac{55}{54}=1\frac{41}{54}$

(9)　$\frac{175}{200}+2\frac{40}{200}+5\frac{177}{200}=7\frac{392}{200}=8\frac{192}{200}=8\frac{24}{25}$

図a

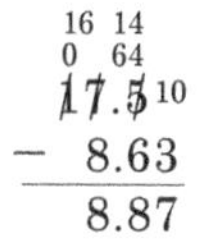

図b

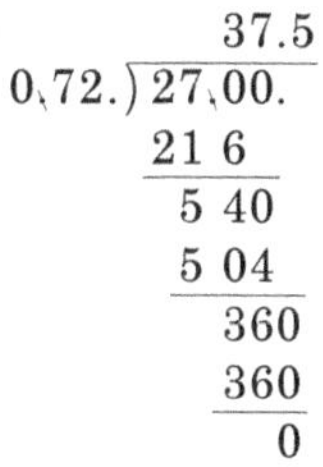

基本 【2】 (分数)

$\frac{4}{13}=\frac{40}{130}$　$\frac{164}{520}=\frac{41}{130}$　$0.3=\frac{3}{10}=\frac{39}{130}$だから，$0.3<\frac{4}{13}<\frac{164}{520}$

重要 【3】 (分数，速さ，平均，年令算，割合)

(1)　分母は$20=2\times2\times5$だから，分子が2の倍数か5の倍数のときに約分できる。よって，約分できない分数は分子が2の倍数でも5の倍数でもないときだから，すべてを足すと$\frac{1}{20}+\frac{3}{20}+\frac{7}{20}+\frac{9}{20}+\frac{11}{20}+\frac{13}{20}+\frac{17}{20}+\frac{19}{20}=\left(\frac{1}{20}+\frac{19}{20}\right)+\left(\frac{3}{20}+\frac{17}{20}\right)+\left(\frac{7}{20}+\frac{13}{20}\right)+\left(\frac{9}{20}+\frac{11}{20}\right)=1\times4=4$となる。

(2)　秒速$10\div30=\frac{1}{3}$(m)だから，時速$\frac{1}{3}\times60\times60=1200(m)=1.2$(km)である。

(3)　6人の合計時間は1時間42分×6＝10時間12分　れんさん以外の5人の合計時間は1時間29分＋2時間6分＋53分＋65分＋2時間22分＝7時間55分　よって，れんさんの習い事の時間は10

時間12分－7時間55分＝2時間17分である。

(4)　5年前の祖父の年令は41＋31＝72(才)だから，5年前の私の年令は72÷9＝8(才)　よって，現在の私の年令は8＋5＝13(才)である。

(5)　30日間往復するのにかかる総額は290×2×30＝17400(円)　総額の24％は17400×0.24＝4176(円)　よって，通学定期代金は4100円である。

重要【4】(グラフ，平均)

(1)　第1試合と比べると，第2試合と第5試合は2人とも本数が減っているから，一番多かった試合ではない。第1試合のグラフはあお選手が8メモリと少し，かおる選手が7メモリだから，合わせると15メモリと少しである。このように，試合ごとにメモリの数を数えると，第3試合は約14メモリ，第4試合は14メモリと少しだから，一番多かったのは第1試合とわかる。

(2)　1メモリは10本だから，かおる選手の本数が60本を超えているのは第1試合と第5試合である。

(3)　5試合の合計本数は86×5＝430(本)　6試合の合計本数は87×6＝522(本)だから，第6試合の本数は522－430＝92(本)である。

重要【5】(体積・容積)

(1)　水が入っている部分は，手前の台形の面を底面とする四角柱である。よって，体積は(8＋4)×15÷2×8＝720(cm^3)である。

(2)　水そうの底面積は12×12＝144(cm^2)だから，720cm^3の水を入れると高さは720÷144＝5(cm)になる。

やや難【6】(面積)

大円の半径は20÷2＝10(cm)　中円の半径は10÷2＝5(cm)　小円の半径は5÷2＝2.5(cm)である。色がついた部分を移動すると右の図のようになる。アの面積は20×20÷4＝100(cm^2)　イとウの面積の合計は2.5×2.5×3.14×2＝12.5×3.14　エの面積は10×10×3.14÷4－5×5×3.14÷2＝(25－12.5)×3.14＝12.5×3.14で求められる。よって，ア，イ，ウ，エを合わせた面積は100＋12.5×3.14＋12.5×3.14＝100＋25×3.14＝178.5(cm^2)である。

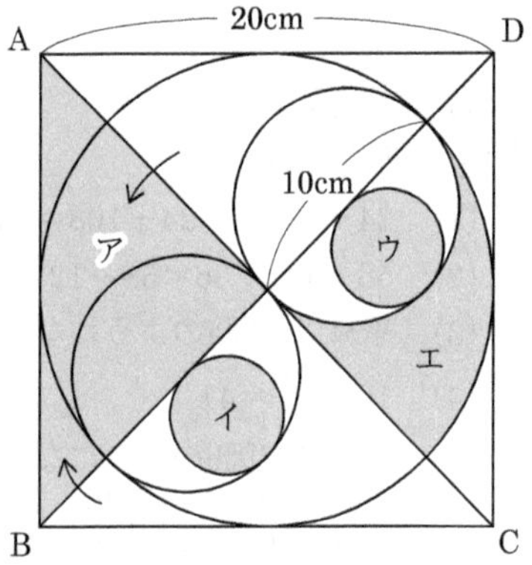

★ワンポイントアドバイス★

【1】(4)では0.25＝$\frac{1}{4}$を用いている。ほかに0.5＝$\frac{1}{2}$　0.75＝$\frac{3}{4}$なども覚えておいて計算スピードの向上に役立てよう。

＜国語解答＞《学校からの正答の発表はありません。》

一　問一　①　種類　②　厚(い)　③　吸収　④　否定　⑤　炎　問二　A　ウ　B　ア　問三　(例)　野菜や果物といった植物の細胞にある細胞壁は，肉や魚といった動物の細胞にはなく，炭水化物のセルロースでできている分，動物の細胞にくらべると炭水化物が多く，くさくなる原因となるタンパク質が少なくなっているから。　問四　ウ　問五　(例)　外とつながっていて，空気は出入りできますが，細菌はフラスコのくびれに

落ちてスープのなかにまでは入れません

二 問一　①　たいど　②　あいそ　③　くちょう　④　み(ちた)　⑤　ひ(めた)

問二　(例)　Aはだまって体育館を出て行った小杉に対して不満を表しているメンバーのため息，Bは小杉を不満に思うメンバーに対してあきれている明良のため息。

問三　(例)　争いごとを好まず，明るくふるまい，気づかいのできる真野は，小杉と他のメンバーが仲直りしてくれることを望んでいる。　問四　A　エ　B　イ　C　ア　D　ウ　問五　ア　問六　(例)　友情ごっこをしているメンバーに思わず本音を言ってキレそうになったが，本当に本音をぶつけてしまうと，キャプテンとして今までうまくやってきた努力がむだになってしまうから。

○推定配点○

一　問三　12点　問四　4点　問五　10点　他　各3点×7

二　問一　各3点×5　問二・問六　各10点×2　問三　8点　他　各2点×5　計100点

＜国語解説＞

一　(説明文－要旨・大意・細部の読み取り，接続語，空欄補充，漢字の書き取り，記述力)

基本　問一　――線①の「類」の部首は「頁(おおがい)」であることに注意。②は幅が広いこと。同訓異字で気温が高いことを表す「暑い」，物や体の温度が高いことを表す「熱い」と区別する。③は取り入れて自分のものとすること。④は認めないこと。⑤の音読みは「エン」。熟語は「炎天」など。

問二　空らんAは直前の内容に引き続いて起こる内容が続いているので「そして」，Cは直前の内容とは相反する内容が続いているので「しかし」がそれぞれ入る。

重要　問三　問三――線までで，食べるものがくさるとくさいのはタンパク質が原因であること，野菜や果物といった植物の細胞にある細胞壁は肉や魚といった動物の細胞にはないこと，細胞壁は炭水化物のセルロースでできている分，動物の細胞にくらべると炭水化物が多く，くさくなる原因となるタンパク質が少なくなっていることを述べているので，これらの内容を――線の理由として具体的に説明する。

問四　空らん問四は，豆の煮汁を入れて，口を閉じた「フラスコをふっとうした湯の中で熱して細菌を殺すと，長期間保存しても細菌は再びあらわれ」なかった，という実験結果をふまえた内容なのでウが適切。細菌はもとになる親の細菌がいないところから生まれないことを説明していない他の選択肢は不適切。

やや難　問五　「白鳥の首フラスコ」は「空気があっても細菌が外から入らなければくさらないことを証明」する実験道具であることをふまえる。図2の特徴を確認すると，フラスコの口は外とつながっていて，空気は出入りできるが，細菌はフラスコのくびれに落ちてスープのなかにまでは入れない構造になっているので，実験の目的をふまえて，この特徴を具体的に説明する。

二　(小説－心情・細部の読み取り，空欄補充，漢字の読み取り，ことばの意味，記述力)

基本　問一　――線①は物事に対して感じたり考えたりしたことが言葉や表情などに現れたもの。②の「愛想をつか(す)」はあきれてすっかり嫌になること。③の「口」の他の音読みは「コウ」。熟語は「人口」など。④の音読みは「マン」。熟語は「満足」など。⑤は音読みも「ヒ」。熟語は「極秘」など。

問二　Aは小杉が「なにもいわずにそのまま体育館をでていってしまった」ことに対して不満を表しているメンバーのため息，Bは小杉を不満に思うメンバーに対して「どうして，小杉がきたことを，チャンスだと思わない？……」と思ってあきれている明良のため息である。これらをふまえ，A・Bそれぞれ，誰のどのような気持ちを表したため息かを具体的に説明する。

重要　問三　問三――線前で，怒りに再び火がついた吉田に「『いいよ，放っておこうよ』」と明るい声で言い，「『仲間割れしたって，いいことないだろ？』」と「あきれるでもなく，怒るでもない」様子で話す真野の様子が描かれている。この後の場面では，「心配そうに明良を見上げる」様子や，小杉と話してみると言う明良に，真野だけが「明るく声をかけてくれた」様子も描かれていることをふまえ，争いごとを好まない，明るくふるまう，気づかいができるといった真野の人物像とともに，小杉とメンバーが仲直りしてくれることを望んでいることを説明する。

問四　空らんAは安心する様子を表すエ，Bは軽く力をこめるさまを表すイ，Cは瞬間的に見る様子を表すア，Dは心の底から深く感じるさまを表すウがそれぞれ入る。

問五　「雑魚」は，取るに足りない者や地位の低い者をたとえていう語。

やや難　問六　問六――線の「本音」は「こんな友情ごっこに，つきあってられるか！」「『てめえら，いい加減にしろよ！……真剣にやりたいオレや小杉の邪魔すんじゃねーよ！』」という気持ちで，この後でこの気持ちに対して「おもわずキレそうになった……あんなこといったら，今までうまくやってきた努力が，水の泡だ」と思っていることが描かれているので，これらの内容をバスケ部のキャプテンでもある明良の気持ちとしてまとめる。

★ワンポイントアドバイス★

小説や物語文では，登場人物の人物像とともに，それぞれの関係性も読み取っていこう。

2022年度

★★★★★★★★★★★★★★★★★★★★★★★★★

入　試　問　題

2022年度

和光中学校入試問題

【算　数】（45分）　＜満点：100点＞

【注意】 分数は約分して答えなさい。

【1】 次の計算をしなさい。

(1) $75-23\times 3-6$

(2) $444-44.444$

(3) 132×0.125

(4) $27\div 0.54$

(5) $\frac{3}{8}+\frac{3}{20}-\frac{3}{100}$

(6) $\frac{12}{144}\times 36\times\frac{74}{111}\div\frac{1}{2}$

(7) $\left(2-\frac{1}{25}\right)\div 2\frac{1}{10}+1\div 15$

(8) $(4.3\times 3+0.1)\div 0.13\times 100$

(9) $3+6+9+12+15+3213+3216+3219+3222+3225$

【2】 $\frac{77}{49}$，1.6，$\frac{111}{70}$ を小さい順に並び変えなさい。

【3】 次の □ に当てはまる答えを求めなさい。

(1) 税抜《ぬ》きで □ 円のふかふかのうさぎのぬいぐるみは税込《こ》み金額だと649円です。
ただし，消費税は10%とします。

(2) 牛のモー子は4日かけて120kgのえさを食べきります。子牛のモー太郎は同じ量のえさを10日かけて食べきります。モー子とモー太郎が同時にむしゃむしゃ食べると210kgのえさは

□ 日で食べきります。

(3) 時速43.2kmの速さで走っている車は，2.5秒間で □ m進みます。

(4) 3年前，姉の年令は私の年令の1.5倍でした。
現在，姉の年令は12才で，父の年令は37才です。

父の年令が私の年令のちょうど3倍になるのは □ 年後です。

(5) 半径が75mの円周の長さは半径が25mの円周の長さより □ m長いです。
ただし，円周率は3.14とします。

(6) モルモット1匹《ぴき》とハムスター2匹《ひき》を合わせた体重は1000g，
ハムスター1匹《ぴき》とリス1匹《ぴき》を合わせた体重は240g，

リス1匹《ぴき》とモルモット1匹《ぴき》を合わせた体重は790 gでした。

リス1匹《ぴき》の体重は [　　　] gです。

(7) おでん8人前をコトコト煮込《にこ》んで作ります。材料は左下のメモの通りです。
スーパーに行って右下のメモのお買い物リストの通りに買ってきました。

このとき，このおでん1人前の材料費は [　　　] 円です。

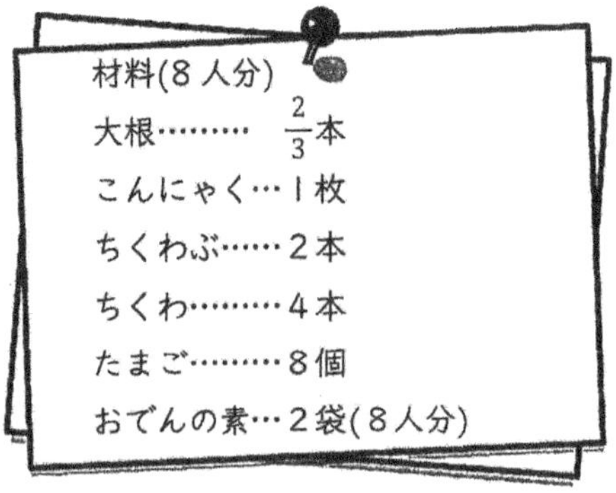

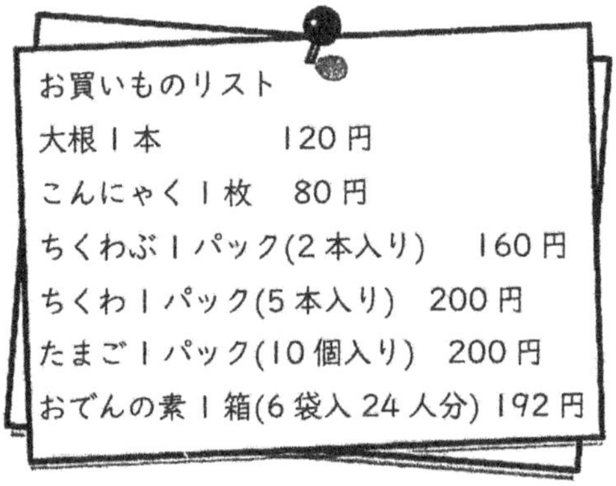

【4】 下の図はある図形を真上，正面，真横から見たときの投影図《とうえいず》です。
1辺1 cmの正方形が図のように並んでいるように見えました。

この立体の表面積は [　　　] cm^2，体積は [　　　] cm^3です。

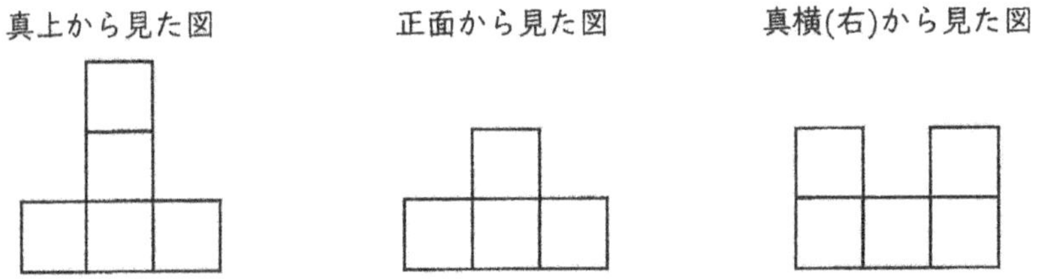

【5】 図のように正方形の中に円が接しています。正方形の対角線の長さは4 cmです。

このとき，この円の面積は [　　　] cm^2です。

ただし，円周率は3.14とします。

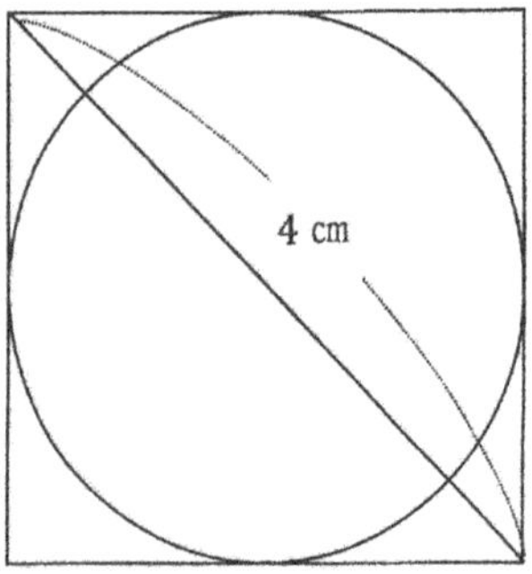

ついて体をささえ、同じ動きをくり返していきます。

ちょうどふりこを逆にしたような動きを、わたしたちは歩くときにしています。（ ㋑ ）、歩くときは外部からのエネルギーはそれほど必要がなく、つかれにくいのです。

（ ㋒ ）、「走り」の場合は少しちがってきます。位置エネルギーがふえれば、運動エネルギーがへるというふりこのような関係ではなく、二つのエネルギーが同時にふえたりへったりする、むずかしい運動をしているのです。

走るときには体が宙にうくので、位置エネルギーと運動エネルギーを同時に使います。体を持ち上げることと、前に進むことを同時に行わなければならないので、力も使いますし、とてもつかれやすいのです。

本来であれば、スキーですべって加速していくときのように、重力に身をまかせた方が楽です。でも、「走り」は体を上に持ち上げるわけですから大変です。下りを走るときには力を入れなくても楽に走れますが、上りはすぐに動きが止まってしまいます。

走るということは、ずっと体を持ち上げて動く運動なので、「走ろう、走ろう」とがんばって走るととてもつらいです。勝手に体が上がっていくような力の出し方をおぼえれば、楽になりますし、⑤**効率的**な走りになります。

よい例がなわとびです。なわとびは、意識して一回一回全力でジャンプすると、きついはずです。でも、無意識に、軽くリズムよくジャンプすれば、一〇〇回でもとびつづけることができます。人は体のバネをうまく使えるようになると、がんばらなくても体をうかせられます。ジャンプして体を落とすことで、ゴムボールのようにはずむ動きができるようになります。

（ ㋓ ）、上手な走り方とは勝手にはずむような走り方なのです。

ボルトの話にもどせば、かれのように体が大きくて重心の高い選手が、重心を落とし、体のバネをはたらかせてはずむように走ると、ポンポンと前に進んでいきます。つまり、重心の力と位置エネルギーをうまく使うフォームで走ることが、速さにつながっていくということです。

（高野進『「走る」のなぞをさぐる』少年写真新聞社）

問一 文中の＝＝①～⑤の読み仮名《がな》を書きなさい。

① **遠心力** ② **定着** ③ **物体** ④ **作用** ⑤ **効率的**

問二 文中の㋐～㋓には、それぞれ「**だから**」、「**しかし**」のどちらがあてはまるか答えなさい。

問三 文中の 問三 に当てはまる言葉を、文中から**漢字二文字**でさがして答えなさい。

問四 文中の A ～ D にはそれぞれ「**位置**」、「**運動**」のどちらが入るか答えなさい。

問五 人間の動きの中で「歩き」と「走り」はどうちがうのか、「**エネルギー**」という言葉を使って説明しなさい。

問六 「なぜボルトは速く走れるのか」という最初の問いに対する答えを、文章全体から読み取り、ボルトの体の特徴《とくちょう》に触《ふ》れて説明しなさい。

問四　文中に「**ちがうよ**」とありますが、有里が「ごめんなさい」と言ったのに対して、なぜ千絵はこのように答えたのでしょうか。何がちがうと言っているのかわかるように説明しなさい。

問五　文中の「**そういうこと**」とはどういうことか説明しなさい。

二、次の文章を読んで、後の問に答えなさい。

　私たちが運動するときには重力や①**遠心力**など、いろいろなエネルギーの影響《えいきょう》も受けています。世界一速いウサイン・ボルトの走りを例に考えてみましょう。

　なぜボルトは速く走れるのでしょうか？

　ボルトは身長が一九五センチメートルもあるとても大きな選手です。陸上の世界では、以前からスタートダッシュは体の小さい人の方が得意だといわれていました。自転車などのギアでいえば、小さなギアの方が大きなギアよりも回転が速いからです。

　かれが登場するまで、身長が一九〇センチメートルをこえる選手は短きょり走には向かないといわれていました。ふつう、足が長くなるとピッチ（足を交互《こうご》に地面につく速さ）がおそくなるので、ダッシュがおそいというイメージが②**定着**したのだと思います。（　㋐　）、ボルトはそれほどダッシュがおそくはありませんでした。かれは世界で一番ダッシュが速いというわけではありませんが、すぐにスピードにのり、二、三〇メートルで先頭を走る選手に追いつくような走りを見せたのです。

　そのひみつは、かれが重心の高さを利用して走っていたことにあります。大きな体のボルトは、大きな「位置エネルギー」を地面に落とすことで、前に進む力をえていたのです。

　位置エネルギーってなんでしょう？

　エネルギーとは、ほかのものを動かしたり、形をかえたりする力のことです。高いところにある③**物体**は、その場所にあることでエネルギーを持っています。例えば、落ちる前のジェットコースターは位置エネルギーが最大で、下にいくほど位置エネルギーが少なくなっていきます。

　ボルトの走りでいえば、足を地面に落とす運動のときの位置エネルギーで、前に進む動きが加速します。かれは身長が高く重心も高いので、持っているエネルギーは身長の低い選手より大きいでしょう。このエネルギーを前に進む力にかえられる技術、そして体のバランスがあれば、記録的な走りをする可能性があるわけです。

　走ることは［問三］を移動させるということです。［問三］の移動はこの位置エネルギーと、「運動エネルギー」という力に大きく関係しています。運動エネルギーとは動く物体が持つエネルギーのことです。

　わかりやすい例が「ふりこ」です。ふりこはおもりが一番下にある状態だと［A］エネルギーが最低で、［B］エネルギーが最高になります。おもりが落ちてくるときには加速します。動いているので運動エネルギーが生まれます。おもりが一番下にくると位置エネルギーはなくなりますが、今度は運動エネルギーを使っておもりを上に持ち上げます。上がったおもりは一瞬《いっしゅん》止まって［C］エネルギーはなくなりますが、再び［D］エネルギーが生まれます。このように二つのエネルギーがおたがいに④**作用**して、しばらくふりこは動きつづけます。

　このふりこに近い人間の動きが「歩き」です。人は、片足をついて、次の一歩をふみ出す前に体の重心が少し下がります。一本足ならこのままたおれてしまいますが、転ぶ直前に足を出します。そこでまた片足を

ひざをかかえて、まるでひとりごとみたいに［C］とつづける。

「私だって、東京に住みたかった」

千絵ちゃんが、私をうらやましがるなんて初めてだった。

「こんな田舎、言葉もきたないし、もううんざり」

千絵ちゃんが自分のほうが負けてるみたいなことをいうなんて、信じられなかった。だけど、そんな風にうらやましがられても、私はちっともうれしくなかった。私のほうが勝ってるなんて、全然思えなかった。

「だったら私と代わる?」

千絵ちゃんが、ちらりとこっちを見る。

「うらやましいなんていうなら、私と代わってよ」

私はそんな千絵ちゃんをじっと見つめてつづけた。

「そのかわり、学校でいじめにあってもだまってたえるんだよ」

いじめにあっていたのは、小学五年の二学期だ。

「お母さんに、相談なんかしないでね」

だけど、今でもお母さんはそのことを知らない。

「お母さんは仕事でいそがしいんだから、迷惑《めいわく》かけるようなことしないでね」

私はいつもそうやって、お母さんを気づかってきた。

「夕食がコンビニ弁当つづきでも、文句いわないでね」

お母さんをこまらせないようにしてきた。

「夜おそくまで、一人でるす番しなきゃいけなくても、さびしがらないでね」

本当の気持ちはいつもかくしてきた。

「朝はちゃんと一人で起きて学校にでかけてね。お母さんは朝はゆっくりでいいんだから」

だから、自分の思ったことをなんのためらいもなく口にできる千絵ちゃんが、ずっとうらやましかった。

「お手伝いもちゃんとしてね。洗濯《せんたく》とか食器かたづけるとか、できることはなるべくやってあげてね」

気分屋で、わがままで、自由奔放《ほんぽう》。それがゆるされる千絵ちゃんをずるいとさえ思ってきた。

「格好よく働くお母さんをもつって、問五そういうことだから」

私はそれだけいうと、千絵ちゃんの部屋をでた。

（草野たき『反撃』ポプラ社）

問一 文中の＝＝線①～⑤のカタカナを漢字に直しなさい。

① カイダン　② ジンジャ　③ シセイ

④ ヒョウジュンゴ　⑤ ヘンシュウシャ

問二 文中［A］～［C］に入る言葉を次の中からそれぞれ選び記号で答えなさい。

A ㋐ すたすた　㋑ てくてく　㋒ みしみし　㋓ ゆらゆら

B ㋐ ひそひそ　㋑ すらすら　㋒ ぶつぶつ　㋓ ぽつぽつ

C ㋐ ボソボソ　㋑ ハキハキ　㋒ ぽんぽん　㋓ ガミガミ

問三 文中の「本当は、私、千絵ちゃんのこと、うらやましいんだ」について、有里は千絵のどんなところをうらやましいと思っているのか説明しなさい。

【国　語】（四五分）〈満点：一〇〇点〉

一、次の文章を読んで、後の問に答えなさい。

私は二階にある千絵ちゃんの部屋に向かった。足をのせるたびに、［A］と音がする①**カイダン**をのぼる。カイダンをのぼりきったところにある窓から、お祭りをしている②**ジンジャ**が見えて、そこだけがパッと明るくてにぎやかだった。陽気なおはやしが聞こえてくる。

私は千絵ちゃんの部屋のドアをノックした。

「千絵ちゃん」

返事はなかった。だけど電気もついているし、部屋の中にはたしかに人の気配があった。

「入るよ」

そっとドアを開けると、千絵ちゃんは浴衣のまま、ベッドにねころがっていた。

「田舎《いなか》だなんて、バカにしてごめんね」

千絵ちゃんの身体は、壁のほうにむけられていたけれど、ねむってしまっているわけではなさそうだった。

「でも、本心じゃないから」

私は勉強机の椅子に腰かけて、つづけた。

「問三**本当は、私、千絵ちゃんのこと、うらやましいんだ**」

机の上に、千絵ちゃんの捨てていったきんちゃくを置く。

「だから、いじわるしちゃった」

そこには、ファッション雑誌が置かれてあった。

「ごめんね」

それは、お母さんが作っている雑誌だった。

「本当は、松嶋菜々子なんて見たことないし」

どうして千絵ちゃんがこんなのもってるんだろう。

「去年の洋服だって、平気で着てるし」

なんとなく、それをめくってみる。

「渋谷にだって、一回しかいったことないし」

それは三十代のキャリアウーマン向けの雑誌で、いくらお母さんが作ってるとはいえ、私だってちゃんと見たことないのに……。

「ウソつき」

そこでようやく、千絵ちゃんが声を出した。

「有里ちゃんのウソつき」

「ごめんなさい」

私は雑誌をめくる手をとめて、③**シセイ**を正した。

「問四**ちがうよ**」

すると、千絵ちゃんはゆっくりと身体を起こして、こっちを向いた。

「本当は私のこと、うらやましいなんて思ってないくせに」

だけど私の顔を見ないように、視線をそらしている。

「私のことなんか、田舎《いなか》育ちで、ダサイって思ってるくせに」

私と視線をあわせようとしないその顔は、いつもの強気な千絵ちゃんらしくない、くもった表情をしていた。

「私立の中学にいってるなんて、格好いいよね」

言葉も④**ヒョウジュンゴ**で、いつもはもっと［B］話すのに、すごくしゃべりにくそうだ。

「お母さんが雑誌の⑤**ヘンシュウシャ**だなんて格好いいよね」

2022年度

解 答 と 解 説

《2022年度の配点は解答欄に掲載してあります。》

＜算数解答＞《学校からの正答の発表はありません。》

【1】 (1) 0　(2) 399.556　(3) $16\frac{1}{2}$　(4) 50　(5) $\frac{99}{200}$　(6) 4
(7) 1　(8) 10000　(9) 16140

【2】 $\frac{77}{49} < \frac{111}{70} < 1.6$

【3】 (1) 590円　(2) 5日　(3) 30m　(4) 5年後　(5) 314m　(6) 90g
(7) 88円

【4】 表面積　$30cm^2$　体積　$7cm^3$　【5】 $6.28cm^2$

○推定配点○
各5点×20　計100点

＜算数解説＞

基本【1】 (四則計算，等差数列)

(1) 75－69－6＝6－6＝0

(2) 筆算は右のようになる。

```
     1313
   3 3̸ 3̸
   4̸ 4̸ 4̸ 9 9 10
 －    4 4.4 4 4
   3 9 9.5 5 6
```

(3) $132\times\frac{125}{1000}=132\times\frac{1}{8}=\frac{33}{2}=16\frac{1}{2}$

(4) $27\div\frac{54}{100}=27\times\frac{100}{54}=50$

(5) $\frac{75}{200}+\frac{30}{200}-\frac{6}{200}=\frac{99}{200}$

(6) $\frac{12}{144}\times\frac{36}{1}\times\frac{74}{111}\times\frac{2}{1}=4$

(7) $\frac{50-1}{25}\times\frac{10}{21}+\frac{1}{15}=\frac{14}{15}+\frac{1}{15}=\frac{15}{15}=1$

(8) (12.9＋0.1)÷0.13×100＝13÷0.13×100＝100×100＝10000

(9) 3＋6＋9＋12＋15と3213＋3216＋3219＋3222＋3225はともに3ずつ大きくなる等差数列である。よって，(3＋15)×5÷2＋(3213＋3225)×5÷2＝(18＋6438)×5÷2＝16140

重要【2】 (分数)

$\frac{77}{49}=77\div49=1.57\cdots$　$\frac{111}{70}=111\div70=1.58\cdots$だから，小さい順に並べると，$\frac{77}{49}$，$\frac{111}{70}$，1.6

重要【3】 (割合，仕事算，速さ，年令算，長さ，消去算)

(1) 税抜き金額の1＋0.1＝1.1(倍)が649円だから，税抜き金額は649÷1.1＝590(円)

(2) 1日にモー子は120÷4＝30(kg)　モー太郎は120÷10＝12(kg)のえさを食べる。2匹合わせると，1日に30＋12＝42(kg)食べるから，210kgのえさは210÷42＝5(日)で食べきることになる。

(3) 1時間は60×60＝3600(秒)　43.2kmは43200mだから，時速43.2kmは秒速43200÷3600＝12(m)である。よって，この車は2.5秒間で12×2.5＝30(m)進む。

(4)　3年前の私の年令は(12－3)÷1.5＝6(才)だから，現在の私の年令は6＋3＝9(才)である。父の年令が私の年令の3倍になる□年後を線分図で表すと右のようになる。③－①＝②が37－9＝28(才)だから，①は28÷2＝14(才)　よって，□＝14－9＝5とわかる。

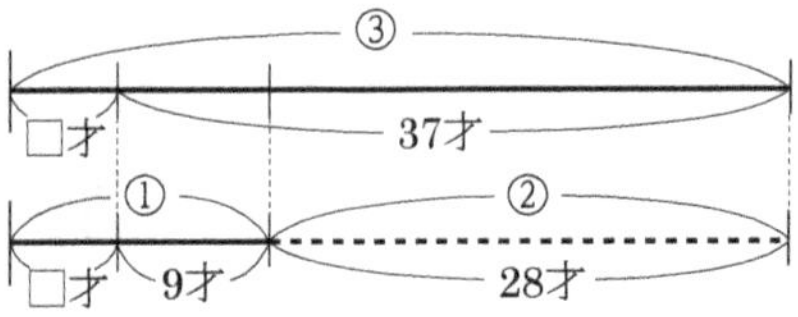

(5)　75×2×3.14－25×2×3.14＝(75－25)×2×3.14＝314(m)長い。

(6)　モルモット，ハムスター，リスの体重をそれぞれ㋲，㋩，㋷として，体重の関係を式で表すと右のア～ウとなる。イとウから，㋲は㋩より790－240＝550(g)重いことがわかるから，㋲＝㋩＋550と表すことができる。アの㋲を㋩＋550におきかえると，㋲＋㋩×2＝㋩＋550＋㋩×2＝㋩×3＋550　㋩×3は1000－550＝450だから，㋩は450÷3＝150(g)とわかる。よって，イより，㋷＝240－150＝90(g)である。

㋲＋㋩×2　＝1000g …ア
㋩　＋㋷＝ 240g …イ
㋲　＋㋷＝ 790g …ウ

(7)　大根$\frac{2}{3}$本は120×$\frac{2}{3}$＝80(円)　ちくわ4本は200×$\frac{4}{5}$＝160(円)　たまご8個は200×$\frac{8}{10}$＝160(円)　おでんの素2袋は192×$\frac{2}{6}$＝64(円)　8人分の材料費の合計は80＋80＋160＋160＋160＋64＝704(円)だから，1人分の材料費は704÷8＝88(円)である。

やや難 **【4】** (投影図)

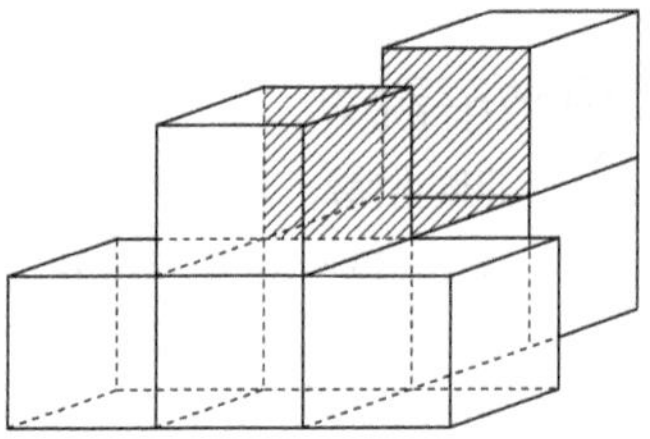

この立体は右の図のようになる。上下，左右からは5面ずつ，前後からは4面ずつ見え，そのほかに斜線の2面があるから，面は全部で5×4＋4×2＋2＝30(面)　よって，表面積は1×1×30＝30(cm^2)である。この立体は1辺が1cmの立方体7個でできているから，体積は1×1×1×7＝7(cm^3)である。

やや難 **【5】** (面積)

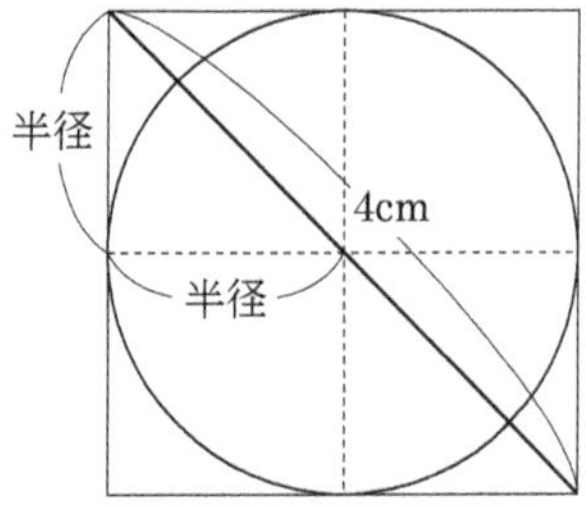

右の図のように正方形を4等分すると，円の半径を1辺とする小さい正方形が4個できる。小さい正方形の面積は半径×半径＝4×4÷2÷4＝2(cm^2)だから，円の面積は2×3.14＝6.28(cm^2)である。

★ワンポイントアドバイス★

【1】(9)は等差数列の和の公式，【3】(5)は分配法則を用いることで，計算まちがいの防止と時間短縮を図ろう。

＜国語解答＞《学校からの正答の発表はありません。》

一　問一　①　階段　②　神社　③　姿勢　④　標準語　⑤　編集者　問二　A　㋒　B　㋑　C　㋐　問三　(例)　働いているお母さんを困らせないように，本当の気持ちはいつもかくしてきた有里にとって，自分の思ったことをなんのためらいもなく口にできる千絵がうらやましいと思っている。　問四　(例)　私立の中学校にいき，雑誌を作っている格好いいお母さんがいる有里が，千絵のことを田舎育ちでダサイと思っているのに，千絵をうらやましいと言うことは有里の本心とはちがうと思ったから。

問五　(例)　格好よく働くお母さんをもつということは，いじめの相談や一人でるす番するさびしさや食事を作ってもらえないことをがまんし，洗濯や食器をかたづけるお手伝いなど自分でできることはなるべくやって，忙しいお母さんをこまらせたり，迷惑をかけたりしないようにすること。

二　問一　①　えんしんりょく　②　ていちゃく　③　ぶったい　④　さよう　⑤　こうりつてき　問二　㋐　しかし　㋑　だから　㋒　しかし　㋓　だから

問三　重心　問四　A　位置　B　運動　C　運動　D　位置

問五　(例)「歩き」は位置エネルギーと運動エネルギーがお互いに作用し，外部からのエネルギーはそれほど必要ないのでつかれにくいのに対し，「走り」は位置エネルギーと運動エネルギーを同時に使うのでつかれやすい。　問六　(例)　体が大きく身長が高いボルトは重心も高く，重心を落とすことで重力の力と位置エネルギーをうまく使って前に進む力を得ており，体のバネをはたらかせてはずむようなフォームで走るので速く走れる。

○推定配点○

一　問一・問二　各2点×8　問五　14点　他　各10点×2

二　問五　10点　問六　12点　他　各2点×14　計100点

<国語解説>

一　(小説－心情・情景・細部の読み取り，指示語，空欄補充，漢字の書き取り，記述力)

問一　①の「段」の画数に注意。②は日本の神が祭ってある所。③の「姿勢を正す」は今までの態度などを反省して改めること。④は公的な場などで規準となるような言語のこと。⑤は書籍や雑誌などの制作作業をする人。

基本　問二　空らんAは柱や床板などがきしむ音を表す㋒が入る。空らんBは途中で引っかかったり行きづまったりせず，なめらかに進むさまを表す㋑が入る。空らんCは低く小さい声で話すさまを表す㋐が入る。

問三　「私はそんな千絵ちゃんを……」で始まる場面で，働いているお母さんを困らせないように「本当の気持ちはいつもかくしてきた」有里が，「自分の思ったことをなんのためらいもなく口にできる千絵ちゃんが，ずっとうらやましかった」と思っていることが描かれているので，この部分を参考にして，有里が千絵をうらやましいと思っていることを具体的に説明する。

やや難　問四　有里が「ごめんなさい」と言ったのに「ちがうよ」と千絵が言ったのは，千絵のことを「『うらやましいなんて思ってないくせに』」「『田舎育ちで，ダサイって思ってるくせに』」，有里が千絵をうらやましいと言ったからである。私立の中学校にいき，雑誌を作っている格好いいお母さんがいる有里が，千絵のことをうらやましいと言うのは，本心とはちがうと思って「ちがうよ」と千絵が言っていることを説明する。

重要　問五　「そういうこと」は「『うらやましいなんて……』」から始まる場面で有里が話しているように，いじめの相談やコンビニ弁当の夕食，一人でるす番するさびしさをがまんし，朝も一人で起きて学校に行き，洗濯や食器のかたづけなどのお手伝いをすることが，格好よく働くお母さんをもつことだということである。有里のせりふを参考にして，「そういうこと」が指す内容を具体的に説明する。

二　(論説文－要旨・大意・細部の読み取り，接続語，空欄補充，漢字の読み，記述力)

基本

問一　①は外に向かって働く力のこと。②はしっかりついて離れないこと。③は空間的な大きさや形をもつもの。④は他のものに力を及ぼして影響を与えること。⑤はむだがないさま。

問二　㋐，㋒は直前の内容とは相反する内容が続いているので「しかし」があてはまる。㋑，㋓は直前の内容を理由とした結果を直後で述べているので「だから」があてはまる。

問三　空らん問三のある段落内容の説明として直後の2段落で，「ふりこ」に近い人間の動きである「歩き」について，片足をついて次の一歩をふみ出す前に体の重心が下がり，転ぶ直前に足を出して同じ動きをくり返していく，ということを述べているので，空らん問三には「重心」が当てはまる。

問四　「位置エネルギー」とは「『高いところにある物体は，その場所にあることでエネルギーを持って』」いること，「『運動エネルギーとは動く物体が持つエネルギーのこと』」であることをおさえる。空らんA～Dのある段落を整理すると，ふりこのおもりが一番下にある状態は，A＝「位置」エネルギーが最低で，B＝「運動」エネルギーが最高になる→おもりが落ちてくるときに加速し，動いているので運動エネルギーが生まれる→おもりが一番下にくると位置エネルギーはなくなるが，運動エネルギーを使っておもりを上に持ち上げる→上がったおもりは一瞬止まって，C＝「運動」エネルギーはなくなるが，再びD＝「位置」エネルギーが生まれる，ということである。

問五　「わかりやすい例が……」から続く5段落で，「歩き」は位置エネルギーと運動エネルギーがお互いに作用するふりこのように，外部からのエネルギーはそれほど必要ないのでつかれにくいが，「走り」は位置エネルギーと運動エネルギーを同時に使うのでつかれやすい，ということを述べているので，それぞれの特徴とともに「エネルギー」を用いてちがいを説明する。

問六　ボルトの走りについて，「そのひみつは……」で始まる段落で「大きな体のボルトは，大きな『位置エネルギー』を地面に落とすことで，前に進む力をえていた」こと，最後の段落で「かれ(＝ボルト)のように体が大きくて重心の高い選手が，重心を落とし，体のバネをはたらかせてはずむように走ると，ポンポンと前に進んで……重心の力と位置エネルギーをうまく使うフォームで走ることが，速さにつながっていく」と述べているので，これらの内容を「なぜボルトは速く走れるのか」の答えとしてまとめる。

★ワンポイントアドバイス★

説明文では，文中で用いられている語句の意味を正確にとらえよう。

2021年度

★★★★★★★★★★★★★★★★★★★★★★★★

入　試　問　題

2021年度

和光中学校入試問題

【算　数】（45分）　　＜満点：100点＞

【１】 次の計算をしなさい。

(1)　$54+72\div9-13$

(2)　$28.2-9.61$

(3)　1.78×6.05

(4)　$178.5\div10.2$

(5)　$2\frac{1}{3}-1\frac{1}{6}-\frac{6}{7}$

(6)　$\frac{5}{12}\div1\frac{5}{7}\times4\frac{4}{5}$

(7)　$3\frac{2}{3}-2\frac{5}{8}\times1\frac{1}{15}$

(8)　$(9\div5+1.2)\times\frac{3}{20}+\frac{7}{4}$

(9)　$\{704+(6\times8-9)\div3\}-512$

【２】 1.09，$\frac{23}{21}$，$\frac{12}{11}$ を大きい順に並び変えなさい。

【３】 次の □ に当てはまる答えを求めなさい。

(1)　ある中学校では全校生徒 □人 のうち，東京都には41％の生徒が住んでいて，神奈川県には４割５分の生徒が住んでいます。それ以外の県に住んでいる生徒は49人です。

(2)　下の表は，ある日の読書時間を表したものです。６人の読書時間の平均は33分でした。たけしさんの読書時間は □分 です。

名前	だいち	きょうこ	こうすけ	すず	あい	たけし
読書時間	46分	1時間3分	28分	36分	1200秒	

(3)　あるお店ではＳ，Ｍ，Ｌの３つのサイズのぬいぐるみを売っています。
Ｓを３つ買った値段はＳとＭを１つずつ買った値段より1000円安く，
Ｓを４つ買った値段はＬサイズ１個の値段より500円高いです。

Ｌサイズが7100円であるとき，Ｍサイズは１個 □円 です。

(4)　5㎞マラソンを秒速6.3mで走ったすぐるさんは，スタートしてから［　　分　　秒］後にゴールしました。(小数点以下は四捨五入して求めなさい)

【4】 次の式が成り立つように，正しく演算記号［＋，－，×，÷］やカッコを当てはめなさい。

(1)　［7　2　4　＝10］　　(2)　［15　5　2　＝10］

【5】 定規と分度器を使って，次の図形をかきなさい。

(1)　一辺の長さが12㎝の正三角形をかきなさい。

(2)　(1)でかいた正三角形の面積は，一辺の長さが4㎝の正三角形の面積の何倍か答えなさい。またそれがわかるように先ほどの図形にかき加えなさい。

【6】 次の図形の斜線《しゃせん》部を合わせた面積を求めなさい。

ただし，白い部分はどちらもおうぎ形，外側の四角形は平行四辺形です。

また，円周率を3.14として計算しなさい。

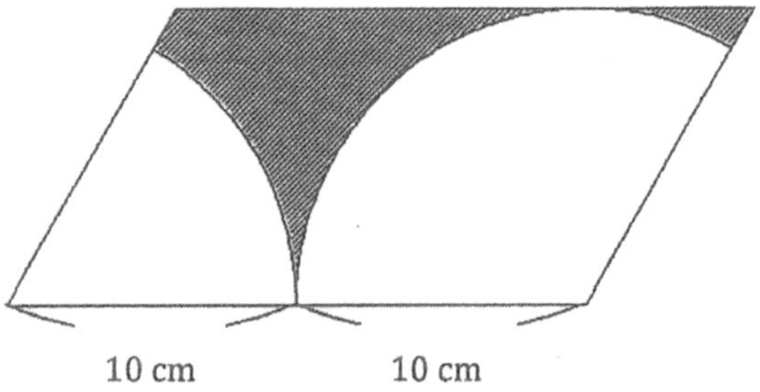

【7】 次の立体図形は四角柱をななめに切ったものです。次の問いに答えなさい。

(1)　体積を求めなさい。

(2)　表面積を求めなさい。

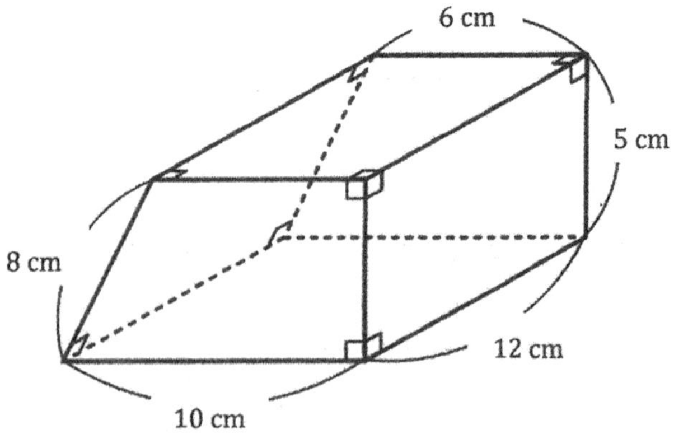

こんなときでも、人の目が気になってしまうぼく。

「泣くことないだろ、もう……」

アブダラくんは、ぼくと目をあわせないように、うつむいている。問三 壁のタイルの青色に、すうっと溶《と》けてしまいそう。なんだかアブダラくんらしくない。でも、こんな顔をさせてしまってるのは、ぼくら三組……、ううん、ぼくだ。

問四 アブダラくんたちは、戦場にいる。そこで最初の味方がいるかどうかが、生死をわける。ネコスケ先生は、そういった。

あのときは大げさだと思ったけれど、ネコスケ先生のいうとおりだったんだ。

友だちなら、けっして、そばをはなれちゃいけなかった。

イスラム教徒かそうじゃないかなんて、関係ない。⑤キズついたアシールの手を引っぱって、堂々と帰っていった美夜《みや》みたいに、ほんとの味方になればよかった。

「ごめんな、アブドゥルラッザーク」

おどろいたように、まばたきをするアブダラくんに、ぼくは、もう一度、ごめん、とくりかえした。

電車に乗っているあいだ、ずっと考えてた。

アブダラくんにあやまりたい。それから、問五 本当の名前で呼ぼうって。

（黒川裕子『となりのアブダラくん』講談社）

問一 文中の＝＝①～⑤を漢字に直しなさい。

① アンナイ　② テンジョウ　③ イコク　④ コウチャ

⑤ キズ

問二 文中の「きびすをかえそう」「ぼうぜんと」の言葉の意味として正しいものを次から選び、記号で答えなさい。

A 「きびすをかえそう」

㋐ 涙がこぼれそう　㋑ その場にすわりこみそう

㋒ 元来た場所へ戻ろう　㋓ だれかに声をかけよう

B 「ぼうぜんと」

㋐ 相手をけいべつするような目で

㋑ めいわくそうな表情で

㋒ 幸せそうに目をかがやかせて

㋓ あっけにとられている様子で

問三 「壁のタイルの青色に、すうっと溶けてしまいそう。」について、「ぼく」にとってアブダラくんがそのように見えた理由を説明しなさい。

問四 「アブダラくんたちは、戦場にいる。」について、これは、アブダラくんのどのような状況を意味しているのか説明しなさい。

問五 「本当の名前で呼ぼうって。」について、「ぼく」のその行動にはどのような意味があるか説明しなさい。

二、 ※問題に使用された作品の著作権者が二次使用の許可を出していないため、問題を掲載しておりません。

（出典：水口博也『クジラ　大海をめぐる巨人を追って』金の星社）

【国　語】（四五分）〈満点：一〇〇点〉

一、次の文章を読んで、後の問に答えなさい。

「お友だち、まだ礼拝堂《れいはいどう》にいるんじゃないかな？　さがしてみたら。よければ、イフタールの食事もいっしょにどうぞ」

「イフタール？」

「丸一日断食《だんじき》をがんばったあと、はじめてとる食事のこと。ムスリムはみんな、楽しみにしてるんだよ」

男の人は、礼拝堂の入り口までぼくを①**アンナイ**してくれると、手をひらひらふって、ホールの方に消えていった。

ぼくは、おそるおそる、礼拝堂に足をふみ入れる。

ちょうど、ドームの膨《ふく》らんだ部分が、礼拝堂の②**テンジョウ**になってるみたい。テンジョウや壁《かべ》は、こまやかなタイルの紋様《もんよう》でうめつくされている。真っ青なじゅうたんの上には、まだたくさんの人がすわっていた。

礼拝堂は、男の人ばっかりだ。ドームをぐるりと見回して、その理由に気づいた。女の人は、礼拝堂を見下ろせるバルコニーに固まってすわっているみたい。

礼拝堂に、いろんな③**イコク**の言葉が、さざ波みたいにひびいては消える。

ぼくは、無意識に、自分を守るように、両手の拳《こぶし》をにぎりしめていた。

――ここにいると、すごく不安になる。

ちっとも落ちつかなくて、いますぐ家に帰りたくなる。日本人はほとんどいない。ひとりぼっちで、言葉もわからない。なんでぼく、こんなとこに、きちゃったんだろう。ここは日本なのに、まるでぼくのほうが外国人になったみたいだ。

それで、気づいた。こんなにさみしい気持ち、もしかして、アブダラくんはいつも教室で味わってるのかな。

いやだ、こんなとこ。もう帰りたい。

ついに問二A**きびすをかえそう**としたそのとき、ぼくを呼ぶ声が聞こえた。

「……ハル？」

ききなれた、なつかしい声。

ぼくは、ぱっとふりかえる。礼拝堂のうしろのほうのすみっこで、アブダラくんが立ち上がって、ぼくを見ていた。すっごくおどろいた顔をしている。

「アブダラくん！」

ぼくは、つい大きな声を出して、アブダラくんに駆《か》けよってしまった。ほかの人には、うるさいな、って表情で見られたけど、かまわないくらい、顔を見たとたん、うれしくなってしまったんだ。

アブダラくんは、目の前に立ったぼくを、問二B**ぼうぜんと**見下ろしている。

たっぷり十秒は見つめたあと、ぽつりといった。

「ぼくのために、きましたか」

いい終わらないうちに、アブダラくんの④**コウチャ**色のほおに、涙のつぶが、ひとつだけころがり落ちた。

泣いた！　なんで!?

わ、わ、わ。正直、パニック。

まわりの人にめっちゃ見られてるよ、アブダラくん！

2021年度

解　答　と　解　説

《2021年度の配点は解答欄に掲載してあります。》

＜算数解答＞《学校からの正答の発表はありません。》

【1】（1）　49　（2）　18.59　（3）　10.769　（4）　17.5　（5）　$\frac{13}{42}$　（6）　$1\frac{1}{6}$

（7）　$\frac{13}{15}$　（8）　$2\frac{1}{5}$　（9）　205

【2】$\frac{23}{21}$，$\frac{12}{11}$，1.09

【3】（1）　350人　（2）　5分　（3）　4800円　（4）　13分14秒

【4】（1）　7×2－4＝10　（2）　（15＋5）÷2＝10

【5】（1）　解説参照　（2）　9倍　図：解説参照　【6】　43cm^2

【7】（1）　480cm^3　（2）　428cm^2

○推定配点○

【1】・【2】　各4点×10　【3】・【4】・【6】・【7】　各5点×9

【5】　各5点×3　計100点

＜算数解説＞

基本【1】（四則計算）

（1）　54＋8－13＝62－13＝49

（2）　筆算は右のようになる。

（3）　筆算は右のようになる。

（4）　筆算は右のようになる。

（2）
$$\begin{array}{r} 28.2 \\ -\ \ 9.61 \\ \hline 18.59 \end{array}$$

（3）
$$\begin{array}{r} 1.78 \\ \times\ 6.05 \\ \hline 890 \\ 1068 \\ \hline 10.7690 \end{array}$$

（4）
$$\begin{array}{r} 17.5 \\ 10.2.\,\overline{)\,178.5.} \\ \underline{102} \\ 765 \\ \underline{714} \\ 510 \\ \underline{510} \\ 0 \end{array}$$

（5）　$2\frac{2}{6}-1\frac{1}{6}-\frac{6}{7}=1\frac{1}{6}-\frac{6}{7}=1\frac{7}{42}-\frac{36}{42}=\frac{49}{42}-\frac{36}{42}=\frac{13}{42}$

（6）　$\frac{5}{12}\times\frac{7}{12}\times\frac{24}{5}=\frac{7}{6}=1\frac{1}{6}$

（7）　$3\frac{2}{3}-\frac{21}{8}\times\frac{16}{15}=3\frac{2}{3}-2\frac{4}{5}=3\frac{10}{15}-2\frac{12}{15}=2\frac{25}{15}-2\frac{12}{15}=\frac{13}{15}$

（8）　$(1.8+1.2)\times\frac{3}{20}+\frac{7}{4}=\frac{9}{20}+\frac{35}{20}=\frac{44}{20}=\frac{11}{5}=2\frac{1}{5}$

（9）　（704＋39÷3）－512＝（704＋13）－512＝717－512＝205

基本【2】（分数）

$\frac{23}{21}$＝23÷21＝1.095…　$\frac{12}{11}$＝12÷11＝1.0909…　だから，大きい順に並べると，$\frac{23}{21}$，$\frac{12}{11}$，1.09

重要【3】（割合，平均，和差算，速さ）

（1）　全校生徒の人数を1とすると，東京都に住んでいる人の人数は0.41　神奈川県に住んでいる人の人数は0.45だから，それ以外に住んでいる人の人数は1－（0.41＋0.45）＝0.14にあたる。よって，全校生徒の人数は49÷0.14＝350（人）である。

(2)　きょうこさんは60＋3＝63(分)　あいさんは1200÷60＝20(分)だから，たけしさん以外の合計は46＋63＋28＋36＋20＝193(分)である。6人の合計は33×6＝198(分)だから，たけしさんの読書時間は198－193＝5(分)である。

(3)　S，M，Lサイズの値段の関係を線分図に表すと右のようになる。S4個は7100＋500＝7600(円)だから，S1個は7600÷4＝1900(円)　S1個とM1個は1900×3＋1000＝6700(円)だから，M1個は6700－1900＝4800(円)である。

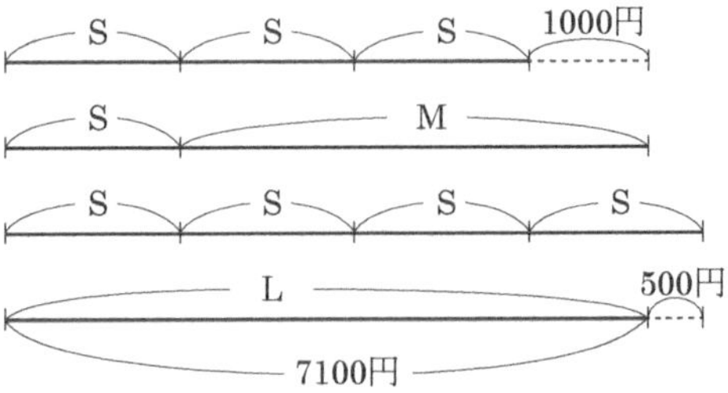

(4)　5kmは5000m，秒速6.3mは分速6.3×60＝378(m)だから，すぐるさんがゴールしたのは5000÷378＝$13\frac{43}{189}$(分)後　60×$\frac{43}{189}$＝13.6…より，$\frac{43}{189}$分は14秒だから，13分14秒後である。

重要【4】(推理)

(1)　7□2○4＝10とする。□○に＋，－，×，÷を順に入れて10になるかを調べていけばよい。□が＋の場合は，7＋2＋4＝13　7＋2－4＝5　7＋2×4＝15　(7＋2)×4＝36　7＋2÷4＝7.5　(7＋2)÷4＝2.25　ほかの記号についても同じように調べていくと，7×2－4＝10となることがわかる。

(2)　(1)と同様に調べていくと，(15＋5)÷2＝10とわかる。

やや難【5】(平面図形，面積比)

(1)　12cmの直線ABをひく。分度器の中心をA，Bそれぞれに合わせて，直線ABとの角度が60°になる直線をひく。この直線の交点をCとすると正三角形ABCがかける。

(2)　正三角形の各辺を4cmずつに区切って点をうち，直線でつなぐと右の図のようになるから，正三角形ABCの面積は一辺が4cmの正三角形の面積の9倍であることがわかる。

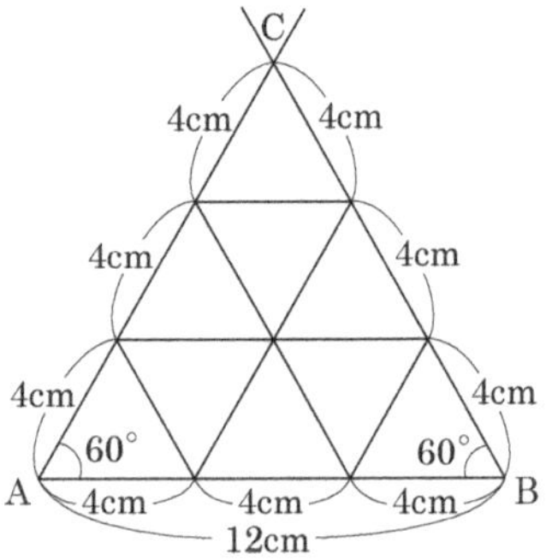

やや難【6】(面積)

(1)　右の図のように，平行四辺形を切って移動させると長方形になるから，斜線部の面積は10×10×2－10×10×3.14×$\frac{1}{2}$＝43(cm^2)となる。

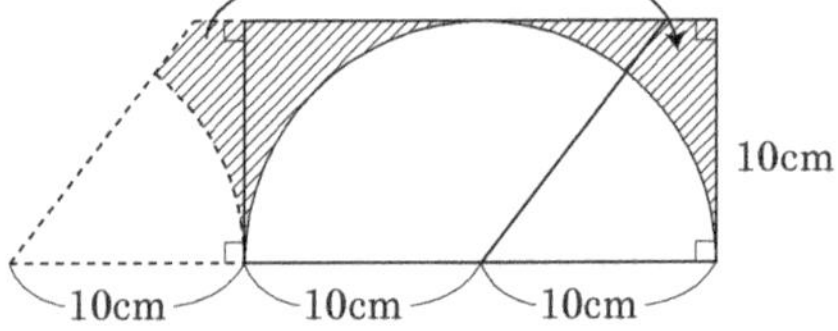

重要【7】(体積，表面積)

(1)　この立体は手前の台形を底面とした四角柱だから，体積は(6＋10)×5÷2×12＝480(cm^3)である。

(2)　底面積は(6＋10)×5÷2＝40(cm^2)　側面積は(6＋8＋10＋5)×12＝348(cm^2)　よって，表面積は40×2＋348＝428(cm^2)である。

★ワンポイントアドバイス★

【3】(2)では時間の単位，【3】(4)では距離と速さの単位に注意して解こう。日頃から単位換算が素早くできるように練習しておこう。

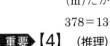

＜国語解答＞《学校からの正答の発表はありません。》

一　問一　①　案内　②　天井　③　異国　④　紅茶　⑤　傷　問二　A　ウ　B　エ　問三　礼拝堂に来た「ぼく」を見て，まさか，アブダラくんが涙を流すとは思わず，アブダラくんの涙を流す表情は，これまでのアブダラくんの悲しさやさみしさ，心細さがあふれていて，たよりなさそうに見えるから。　問四　言葉もわからず，知っている人もいない日本に来て，そばにいてくれる友人もいない教室で，心が傷つきながら一人孤独で毎日を過ごしていなければならない状況。　問五　アブダラくんの立場を理解したことで，今までの自分の行動を反省し，宗教などにへん見を持たず，一人の友人として，おたがいを尊重する関係を築いていこうという意味。

二　問一　①　ぶんぷ　②　しげん　③　げんじゅう　④　いた　⑤　とうしょ　問二　①　ロ　②　ニ　問三　食料であるトドの数が減ったためべつの獲物をねらう必要がある　問四　A　サケなどの魚類　B　ウニ　問五　食物連鎖とよばれる，自然の中で，食べるものと食べられるものが複雑にからみ合った関係を，複雑なからみ合いの部分に着目し，網に見たてて言いかえたもの。　問六　自然にたいしてむやみに手をくわえない

○推定配点○

一　問一・問二　各3点×7　他　各8点×3

二　問一・問二　各3点×7　問四　各5点×2　他　各8点×3　計100点

＜国語解説＞

一　（物語－心情・情景，細部の読み取り，ことばの意味，漢字の書き取り，記述力）

問一　①「案」は全10画の漢字。6画目は5画目を少し出して引く。　②「井」は，2020年度に新しく小学4年生に学年配当された漢字。「井戸」の「い」は音読みで「ショウ(ジョウ)」である。　③「異」は全11画の漢字。9画目は6画目より長めに書く。　④「紅」は全9画の漢字。9画目は7画目よりやや長めに書く。　⑤「傷」は全13画の漢字。9画目の横棒を忘れずに書く。

基本　問二　A「きびすをかえす」の「きびす」は「かかと」のことである。かかとをかえすということで，後もどりする，引き返すということなのでウである。　B「ぼうぜん」は，あっけにとられているさまという意味のほかにも，気が抜けてぼんやりしているさまという意味もある。

やや難　問三　状況としては，自分のために礼拝堂に来た「ぼく」を見て涙を流している場面である。直後に「アブダラくんのらしくない」とあるのだから，涙を流すというのはいつものアブダラくんのとは違う反応なのだろう。「すうっと溶けてしまいそう」という表現から感じられるのは，影がうすくて，かすんでいなくなってしまいそうという印象である。この後の展開から，アブダラくんがつらい毎日を過ごしていることが読み取れる。現実の人間が溶けてしまうはずはないので，存在感を失ってしまうほど弱々しく見えたという心情で書こう。

問四　その言葉を聞いたとき「ぼく」は大げさだと感じているのだから，実際の戦場にいるわけではない。「ここにいると，すごく……」で始まる段落からに，アブダラくんを見つける前の礼拝堂の場面がある。周りが外国人ばかりで感じたことは，言葉もわからず，知り合いもいないところにいる不安である。この時，いつもアブダラくんがこのような状況にいたことに気づいたのだ。「戦場にいる」という比ゆは，言葉もわからず，知り合いもなく，そばにいてくれる人もいない環境で，体ではなく心が傷ついていても，そこにいるしかない状況である。

やや難

問五　全文がないので，これまでアブダラくんを何と呼んでいたのかは不明だが，これまでの流れから考えると，アブダラくんにとって決して嬉しい呼び名で呼んでいたのではないのだろう。「イスラム教徒とか……」で始まる段落から考えると，その点で差別的な発言をしていたと考えられる。これまでのいきさつから，アブダラくんの立場を知り，自分の行いを反省し，日本人，外国人，宗教などの違いで差別することなく，一人の友人として関係を築こうとしているのだということになる。

二　(説明文－細部の読み取り，指示語の問題，接続語の問題，空欄補充，漢字の読み，記述力)

基本

問一　①「布」の音読みは「フ」だが，この場合は「プ」と読む。　②「源」の音読みは「ゲン」。訓読みは「みなもと」だ。　③「厳」は訓読みで「きびーしい」。音読みは「ゲン」である。　④「痛」の音読みは「ツウ」である。　⑤「とうしょ」とは，そのことの初めのことである。

重要

問二　①　前部分はラッコがすんでいる場所と食べているものを書いている。後部分は，ラッコに食べられるウニが何を食べているかを説明しているので，「そして」が入る。　②　前部分は，現在人間は科学技術を発達させ自然の不思議を色々解明してきたという内容だ。後部分は，ほんとうはわからないことがいっぱいあるというのだから「しかし」を入れる。

問三　「ため」につながるように書くという条件を忘れずに，また，書き抜きではないので気をつけよう。「そのため」，「ラッコをこれまで以上に食べるようになった」のだ。これまでシャチの主な食料はトドだったが，トドが減ってきたため，「べつの獲物をねらう必要がある(ため)」トドの代わりになるラッコを食べるようになったということになる。

問四　A　冒頭の段落に，トドは「サケなどの魚類」を食べてくらしていたとある。　B　問二①で考えたように，ラッコの食料は「ウニやカニ，貝」などを食べてすごしているとある。しかし，Bの下の矢印は「海藻」となっていることに注意しよう。海藻を食べるのは「ウニ」と説明しているのでBに入るのは「ウニ」である。

やや難

問五　設問に対応するように書く書き方が難しい。ひと言で言えば「食物連鎖」のかわりの呼び名ということだ。だから，内容としては「食物連鎖」の説明をすることが必要になるわけだが，「食物連鎖」とは何かを問われているわけではない。だから，「自然の中で食べるものと食べられるものが複雑にからみあった関係」のように書いてしまうと，「食物連鎖」を説明しただけになってしまう。あくまでも「食物連鎖のかわりになる言葉」だ。この，「食物連鎖」，「食物連鎖とはどのようなものか」，「そのかわりの言葉」をうまく組み合わせて書くことが必要になる。

やや難

問六　「サケをとりすぎるようなことをしてはいけない」のようなあまりにも具体的すぎる内容で書かないように気をつけよう。確かに，「このトドをめぐる物語」だけを考えれば，出発点は人間がサケをとりすぎたことから起きたことであるが，ここでは，人間の価値として生かせる「教訓」とまとめている，その「教訓」になる内容を書くことを求められている。だから，「サケをとる」のような具体的なことは当てはまらないのだ。網の目のように複雑にからみあっている食物網を考えれば，このくらいは大丈夫などということはないのだから，勝手に手を加えるようなことはしてはいけないということを書こう。

★ワンポイントアドバイス★

問題数は少ないが，ほとんどが，字数制限のない記述問題である。制限時間を考えても決して楽なものではない。文をしっかりまとめることができるような練習をしよう。

2020年度

★★★★★★★★★★★★★★★★★★★★★★★★★★★★

入　試　問　題

2020年度

和光中学校入試問題

【算　数】（45分）　＜満点：100点＞

【注意】 答えは必ず約分しなさい。

【1】 次の計算をしなさい。

(1) $33+63\div3\times7$

(2) $7\times8-72\div6+106\times3$

(3) $32.09+19.81$

(4) 6.43×12.7

(5) $592.02\div42.9$

(6) $\frac{2}{3}+\frac{5}{7}-\frac{32}{35}$

(7) $4\frac{5}{6}-\frac{12}{23}\times5\frac{1}{9}$

(8) $\frac{13}{15}+10\frac{1}{5}\div2\frac{1}{8}$

(9) $26.78+(1.51+3.24)\times\frac{22}{25}$

(10) $607-\{148+5\times(23-9)\}$

【2】 次の □ に当てはまる答えを求めなさい。

(1) $\frac{8}{7}$, $\frac{17}{15}$, 1.14 を大きい順に左から並べると □ です。

(2) あるクラスの生徒40人のうち，毎日お米を食べている人は70％いました。また，毎日卵を食べている人は45％いました。お米も卵も毎日食べている人は11人いました。お米も卵もどちらも毎日は食べていない人は □ 人です。

(3) 次の表は，それぞれの人の通学時間を表したものです。

名前	ひでき	けんじ	かずお	けんた	つよし	ひろき
通学時間	1時間11分	23分	48分	1時間32分		21分

6人の通学時間の平均が43分であったとき，つよしさんの通学時間は □ 分です。

(4) ももこさんは，50mを8秒で走ります。空を見たら飛行機が飛んでいて，地上から見るとあまり速そうではなかったので，競走をしてみました。ももこさんが競走する飛行機は那覇《なは》空港から1620kmはなれた羽田空港まで行くのに2時間30分かかります。

この飛行機は，8秒間で □ m進むので，やっぱり飛行機の方が速かったです。ただし，飛行機は一定の速さで動くものとします。

(5) ある野球選手のグッズの去年の売り上げは，おととしの売り上げ300万円の8割でした。今年の売り上げをおととしの売り上げにもどすために，今年は去年より2割多く売り上げました。しかし，実際には今年の売り上げは，おととしより □ 万円少なくなってしまいました。

(6) 5％の食塩水300ｇと8％の食塩水600ｇを混ぜ合わせ，さらに水を □ ｇ加えると6％の食塩水になりました。

⑺　さくらさんは１個250円のショートケーキと１個220円のシュークリームを合わせて30個買いに行ったところ，全部で7140円でした。さくらさんはショートケーキを □ 個買いました。

⑻　ひなこさんは家から1200mはなれたスーパーまで，行きは分速80mで歩いて行きました。スーパーで出来たてのコロッケを買ったので冷めないように，スーパーから家までは分速120mで走って帰りました。ひなこさんの行きと帰りの平均の速さは分速 □ mです。

【３】　右の図のような半円柱を，直線 ℓ を軸《じく》として１回転させます。このとき斜《しゃ》線部分が通過してできる立体について，次の問いに答えなさい。ただし，円周率は3.14とします。

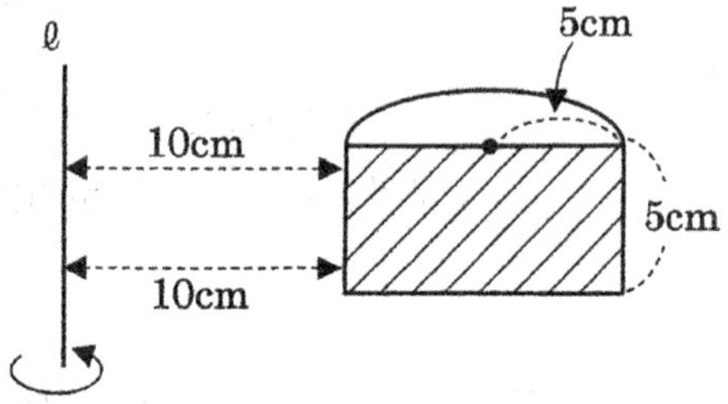

⑴　この立体の体積を求めなさい。

⑵　この立体の表面積を求めなさい。

(2)　「息巻いていた」

㋐落ち込《こ》んでいた　㋑悔《くや》しがっていた

㋒怒《おこ》っていた　㋓安心していた

問五　「問五 千春はなんだかすっきりしない」とありますが、なぜすっきりしないのか、この時の千春の気持ちを説明しなさい。

の強い、当の紗希くらいなのだった。

それでも勇気を振りしぼって、千春は言い返した。

「だけど、紗希も来たがってたよ」

本当のことだった。パーティーには参加できないかわりに、サナエちゃんのためにプレゼントを買って、休み明けに学校で渡《わた》すつもりだと聞いていた。

サナエちゃんが［C］な目で千春を見た。

「前から思ってたけど、千春ちゃんも大変だよね？あの子、最近塾ばっかりで、学校なんかどうでもいいと思ってるっぽくない？」

今度は、なにも言い返せなかった。それは千春もうすうす感じていることだったから。

紗希が塾通いで忙《いそが》しくなってから、いっしょに帰ったり、遊んだりする④**きかい**は問四(1)めっきり減っている。最近はたまに、宿題を写させてほしいと頼まれるようにもなった。写させてあげること自体は、別にかまわない。これまで千春も、何度となく紗希に勉強を教えてもらってきた。ただ、こんな宿題なんか意味あるのかな、とこぼされても、なんとも答えられない。

紗希に悪気がないのは、千春にもわかっている。悪気なく、学校の授業はたいくつだとけなし、塾の先生や友だちの話ばかりする。悪気がないとわかっていても、問五千春はなんだかすっきりしない。

お誕生日会の翌日《よくじつ》、紗希になにをどう伝えるべきかと千春は悩《なや》んだが、その必要はなかった。

サナエちゃんの文句は、すでに本人の耳にも入ってしまっていたのだ。お誕生日会に⑤**しゅっせき**した誰《だれ》かが、こっそり告げ口したようだった。

「こそこそ悪口言うなんて最低」

紗希は問四(2)息巻いていた。

「あたし、別にガリ勉じゃないし、将来のために必要なことをしてるだけだよ。いい学校を出て、いい会社に入って、いい人生を送りたいんだもん」

以来、紗希とサナエちゃんはひとことも口をきいていない。

紗希の味方につく女子もいて、教室の中には冷たい風が吹《ふ》き荒《あ》れている。どういうわけか、担任の先生と男子たちは、まったく気づいているそぶりがないけれども。

（瀧羽麻子『たまねぎとはちみつ』偕成社）

問一　〰線①～⑤を漢字に直しなさい。

①**にってい**　②**しずまり**　③**いいん**

④**きかい**　⑤**しゅっせき**

問二　文中の空らん［A］［B］［C］にあてはまる言葉を次の中から選び記号で答えなさい。

㋐悔《くや》しそう　㋑あわれむよう　㋒怒《おこ》っているふう

問三　「問三本音はそうじゃなかったらしい」とありますが、本音とは何か、この時のサナエの気持ちを説明しなさい。

問四　文中の「問四(1)めっきり減っている」と「問四(2)息巻いていた」について、言葉の意味を選び記号で答えなさい。

(1)「めっきり減っている」

㋐だんだん減っている　㋑ずいぶん減っている

㋒少し減っている　㋓急に減っている

なるでしょうか。

(3) 、それぞれの草花たちはさまざまな工夫をして、昆虫を花へと誘《さそ》い寄せているのです。

つぎに、昆虫《こんちゅう》に花粉を運んでもらう植物たちは、どのような花の咲かせ方をすれば⑤効率よく花粉を運んでもらえるのか、考えてみましょう。花粉を運んでもらうことなんて、昆虫を花に誘い寄せさえすればいいだけのことで、別にそう難しいこととは思えません。しかし、改めて考えてみると、実はなかなかたいへんなことだというのが、よくわかります。

まず、問六植物は、昆虫に花粉を運んでもらうために、花へ来てもらわなければならないのですが、そのまま昆虫たちに長時間いすわられても困ります。

（ピッキオ編著『草花のふしぎ世界探検』岩波ジュニア新書）

※「報酬《ほうしゅう》」＝「労働や物の使用などに対する謝礼《しゃれい》としてのお金や物品」

問一 文中の――線①～⑤の漢字の読み仮名を書きなさい。

①勇んで　②看板　③講じて　④心地よく　⑤効率

問二 文中の空らん (1) (2) (3) に当てはまる言葉を次の中から選び記号で答えなさい。

〈㋐このように　㋑そこで　㋒しかし〉

問三 文中の【問三】に当てはまる慣用句《かんようく》として最も適切なものを次から選び、記号で答えなさい。

㋐目が飛び出る　㋑首を長くする

㋒のどから手が出る　㋓開《あ》いた口がふさがらない

問四 文中の空らん A B C に当てはまる言葉を文中からさがして答えなさい。

問五 文中の「問五ちがう手段」とは何を指していますか。文中の言葉を使って十五字以内で答えなさい。

問六 「問六植物は、昆虫に花粉を運んでもらうために、花へ来てもらわなければならないのですが、そのまま昆虫たちに長時間いすわられても困ります。」とありますが、この文章の続きにはその理由が書かれています。「昆虫たちに長時間いすわられ」るとなぜ困るのか説明しなさい。

二、次の文章を読んで後の問に答えなさい。

発端《ほったん》は、週末に開かれた、サナエちゃんのお誕生日《たんじょうび》会だった。千春《ちはる》と紗希《さき》もふくめ、クラスの女子の半分以上が招待されていた。

サナエちゃんから①**にっていい**を知らされるなり、紗希は A に断った。

「ごめん。あたし、行けない。塾《じゅく》の全国テストなんだ」

「そっか。じゃあ、しょうがないね」

サナエちゃんも残念そうに答えた。 B には見えなかった。

でも、問三本音はそうじゃなかったらしい。お誕生日会の当日、集まったみんなの前で、サナエちゃんはおおげさにため息をついてみせたのだ。

「ガリ勉ってやだよね。友達より勉強のほうが大事って、どうなの？」

サナエちゃんちの広々としたリビングが、しんと②**しずまり**返った。

お誕生日会の主役だから、反論しづらいというだけではない。クラスで③**いいん**をつとめ、先生からも頼《たよ》りにされているサナエちゃんは、しっかり者で気が強い。堂々と反対意見をぶつけられるのは、同じくらい気

【国　語】（四五分）〈満点：一〇〇点〉

一、次の文章を読んで、後の問に答えなさい。

自分で花粉を運ぶことのできない植物が、ほかの花へ花粉を運んでもらうためにもっともよく利用しているのは、昆虫《こんちゅう》たちです。このように、花粉を昆虫に運んでもらっている植物たちは、虫媒花《ちゅうばいか》と呼ばれています。

花粉を昆虫に運んでもらおうと思ったら、とにかく花へ昆虫に来てもらわなくては、話が始まりません。しかし、そもそも花という場所に何も魅力《みりょく》がなかったら、昆虫たちはぜんぜんやってきてくれません。なんの用事もないのなら、昆虫たちだって花へわざわざ立ち寄らないのです。

［(1)］、植物たちは昆虫を誘《さそ》い寄せるために、昆虫が喜んで集まってくるような、何か魅力《みりょく》のある※報酬《ほうしゅう》を用意することにしました。

多くの花では、その魅力ある報酬としてカロリーの多い蜜《みつ》、たんぱく質に富んだ花粉などを用意しています。これらは、昆虫たちにとって【　問三　】ほどほしいエサです。おいしいエサがあるのなら、昆虫だって誰だって、喜び①勇んで集まります。ちなみに、蜜《みつ》や花粉以外にも、昆虫フェロモンの材料になる匂《にお》い物質や巣の材料になる樹脂《じゅし》を提供する植物も知られています。

［(2)］、残念ながら、植物は報酬《ほうしゅう》を用意するだけではまだ不十分です。花にエサを用意していても、そもそも花があるということを昆虫たちにはっきりとアピールしなければならないのです。そこで植物たちは、昆虫たちが目で見てわかる広告として、「花びら」をつくることになったのです。

ここまで話してきた花と昆虫《こんちゅう》の関係は、「花は昆虫のレストラン」というようによくたとえられます。それはこのようなものです。

おいしい料理をとりそろえたレストランを開業する（花を咲《さ》かせる）ことになりました。一年中開店（開花）するわけでなく、期間限定の特別オープンです。ほんの半月ほどのあいだに、お客様に来ていただかなければ、せっかく用意した料理（［A］）がむだになってしまいます。もちろん、お客様にこっそりつけて運んでもらおうと思っていた［B］も、運んでもらえなくなります。

この場所でいま、お店を開いていることを昆虫たちにわかってもらうためには、②看板のように目を引く広告を出さなければなりません。あちこち飛びまわっている昆虫たちの目にもちゃんととまるように、はっきりと目立つ広告看板として、［C］をだすことにしましょう。

このようにたとえてみると、とてもわかりやすいですね。

目立つ看板を出すこと以外に、問五ちがう手段を③講じている植物もあります。それは、メマツヨイグサやユウスゲなどの夜に咲く草花です。これらの植物は夜に咲く草花です。これらの植物は夜に花を咲かせるため、真っ暗な中で昆虫たちに目で見て存在をわかってもらうことはなかなか困難です。そのために、編みだした方法、それは匂《にお》いを出すということです。

これらの花は、花が開くと私たち人間が嗅《か》いでも④心地よく感じるほどの、いい匂《にお》いを出します。暗闇《やみ》の中でスズメガの仲間などの昆虫たちは、この匂いに引かれて集まってきます。これなどはさきほどのようにたとえてみると、匂いでお客を集めるウナギ屋や焼きトウモロコシ屋と

2020年度

解　答　と　解　説

《2020年度の配点は解答欄に掲載してあります。》

＜算数解答＞ 《学校からの正答の発表はありません。》

【1】 (1) 180　(2) 362　(3) 51.9　(4) 81.661　(5) 13.8　(6) $\frac{7}{15}$

(7) $2\frac{1}{6}$　(8) $5\frac{2}{3}$　(9) 30.96　(10) 389

【2】 (1) $\frac{8}{7}$　1.14　$\frac{17}{15}$　(2) 5人　(3) 3分　(4) 1440m　(5) 12万円

(6) 150g　(7) 18個　(8) 分速96m

【3】 (1) $4710cm^3$　(2) $2826cm^2$

○推定配点○

各5点×20　　計100点

＜算数解説＞

基本 【1】 (四則計算)

(1) $33+21\times7=33+147=180$

(2) $56-12+318=44+318=362$

(3) 筆算は右のようになる。

(4) 筆算は右のようになる。

(5) 筆算は右のようになる。

```
(3)   32.09      (4)    6.43      (5)        13.8
    + 19.81           × 12.7          42.9.)592.0.2
    -------           ------                429
      51.90             4501               ----
                       1286                1630
                       643                 1287
                      ------               ----
                      81.661                3432
                                            3432
                                            ----
                                               0
```

(6) $\frac{70}{105}+\frac{75}{105}-\frac{96}{105}=\frac{49}{105}=\frac{7}{15}$

(7) $4\frac{5}{6}-\frac{12}{23}\times\frac{46}{9}=\frac{29}{6}-\frac{16}{6}=\frac{13}{6}=2\frac{1}{6}$

(8) $\frac{13}{15}+\frac{51}{5}\times\frac{8}{17}=\frac{13}{15}+\frac{72}{15}=\frac{85}{15}=5\frac{2}{3}$

(9) $26.78+\frac{475}{100}\times\frac{22}{25}=26.78+4.18=30.96$

(10) $607-(148+5\times14)=607-(148+70)=607-218=389$

重要 【2】 (分数，集合，平均算，速さ，割合，濃度，つるかめ算)

(1) $\frac{8}{7}=1.142\cdots$　$\frac{17}{15}=1.13\cdots$だから，大きい順に並べると，$\frac{8}{7}$　1.14　$\frac{17}{15}$

(2) ベン図に表すと右のようになる。お米を食べている人は$40\times0.7=28$(人)　卵を食べている人は$40\times0.45=18$(人)だから，円の中の人数は$28+18-11=35$(人)　よって，どちらも食べていない人は$40-35=5$(人)である。

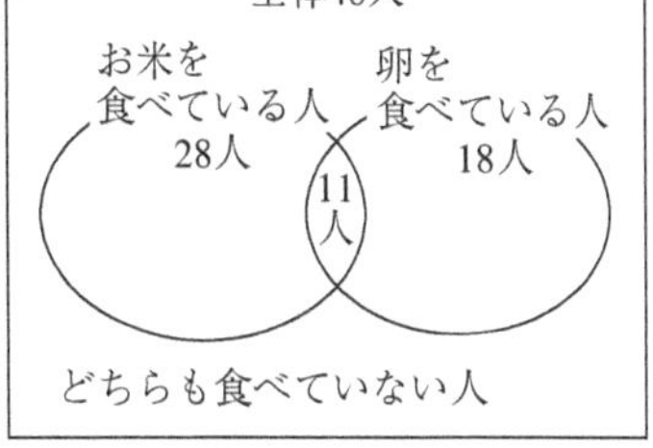

(3) つよしさん以外の5人の合計時間は$71+23+48+92+21=255$(分)　6人全員の合計時間は$43\times6=258$(分)だから，つよしさんの通学時間は$258-255=3$(分)である。

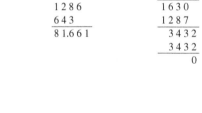

(4)　飛行機の速度は時速1620÷$2\frac{1}{2}$＝648(km)だから，秒速648000÷(60×60)＝180(m)　　よって，8秒間では180×8＝1440(m)進む。

(5)　去年の売り上げは300万×0.8＝240万(円)だから，今年の売り上げは240万×(1＋0.2)＝288万(円)　　よって，おととしより300万－288万＝12万(円)少なくなった。

(6)　6%の食塩水に含まれている食塩は300×0.05＋600×0.08＝63(g)だから，食塩水全体は63÷0.06＝1050(g)　　よって，加えた水は1050－(300＋600)＝150(g)である。

(7)　たてを金額，横を個数として，払った代金を面積図に表すと右のようになる。斜線部分の面積は7140－220×30＝540(円)　　たては250－220＝30(円)だから，ショートケーキの個数は540÷30＝18(個)とわかる。

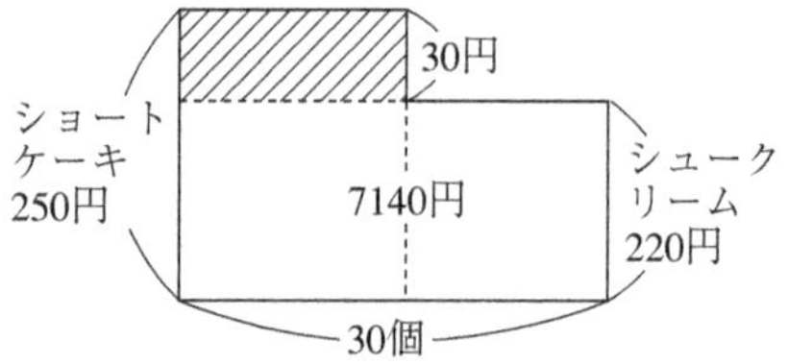

(8)　往復の道のりは1200×2＝2400(m)　　往復にかかった時間は1200÷80＋1200÷120＝25(分)だから，往復の平均の速さは分速2400÷25＝96(m)である。

やや難【3】(回転体)

(1)　右の図のような大きな円柱から小さな円柱をくりぬいた立体ができる。よって，体積は20×20×3.14×5－10×10×3.14×5＝(400－100)×3.14×5＝4710(cm^3)となる。

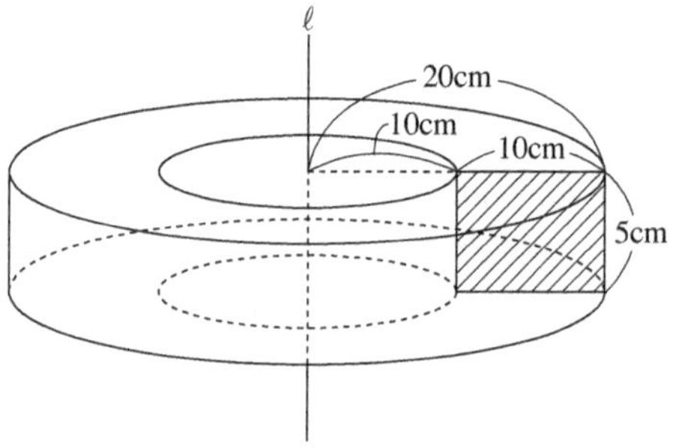

(2)　底面積は20×20×3.14－10×10×3.14＝(400－100)×3.14＝300×3.14　　外側の側面積は20×2×3.14×5＝200×3.14　　内側の側面積は10×2×3.14×5＝100×3.14　　よって，表面積は300×3.14×2＋200×3.14＋100×3.14＝(600＋200＋100)×3.14＝900×3.14＝2826(cm^2)となる。

★ワンポイントアドバイス★

時間，道のり，速さなどの単位に注意しよう。単位換算は即時にできるように練習しておこう。

＜国語解答＞《学校からの正答の発表はありません。》

一　問一　①　いさ　　②　かんばん　　③　こう　　④　ここち　　⑤　こうりつ
問二　(1)　イ　　(2)　ウ　　(3)　ア　　問三　ウ　　問四　A　蜜　　B　花粉
C「花びら」　　問五　昆虫が好む匂いを出すという手段　　問六　花が咲く植物は，子孫を残すために花粉を運んでくれる昆虫を呼び寄せたくて花を咲かせるのだから，できるだけ多くの昆虫が集まり，できるだけ広いはん囲に花粉を運んでほしいのに，一ぴきの昆虫が長居すれば，子孫を残す機会がせばまるから。

二　問一　①　日程　　②　静　　③　委員　　④　機会　　⑤　出席　　問二　A　ア
B　ウ　　C　イ　　問三　せっかく自分がお誕生日会に招待したのに，友達と楽しく過ごすことより，勉強の方が大事だと感じさせることわり方をすることに腹を立て，許せないという気持ち。　問四　(1)　イ　(2)　ウ　問五　自分は紗希の考え方や行動を責める気持ちにはならないので，紗希への誤解をとこうと思うほど紗希を大切に思っているが，最近の紗希本人の自分に対する言動は，サナエちゃんの指てき通り，自分を軽くあつかっていると思われるところもあり，紗希に悪気はないとは思いつつも，その行動に不満を持っていることも事実だから。

○推定配点○

一　問一　各2点×5　問二　各3点×3　問五　5点　問六　10点　他　各4点×4

二　問一　各2点×5　問二　各4点×3　問三　10点　問五　12点　他　各3点×2

計100点

＜国語解説＞

一　(説明文ー細部の読み取り，接続語の問題，空欄補充，慣用句，漢字の読み，記述力)

基本　問一　①「勇気」の「勇」は音読みで「ユウ」。訓読みでは「いさ(む)」である。　②「看」は音読み「カン」で，訓読みは「み(る)」。　③「講じる」は，方法や手段を考えて行うという意味。対策を講じるのように使う。　④「居心地」の場合は「いごこち」と「ごこち」になる。　⑤「率」は音読み「リツ」。訓読みでは「ひき(いる)」だ。

重要　問二　(1)　前部分は，昆虫はなんの用もなければ花に立ち寄る必要を感じないという内容で，後部分は，昆虫を誘うために報酬を用意することにした，ということなので「そこで」が入る。　(2)　前部分は昆虫が用意する報酬の種類を説明している。後部分は，報酬を用意するだけでは不十分という内容なので「しかし」だ。　(3)　前の段落までで，草花たちのさまざまな工夫を具体的に説明している。後部分は，「草花たちは工夫している」とまとめているので「このように」と前段落での説明を指し示す言葉が入る。

問三　昆虫がたちが欲しくてたまらないものを言い表すので「のどから手が出る」だ。

問四　Bが一番わかりやすいかもしれない。Bの直前は「こっそりつけて運んでもらおうと思っていた」ものだから「花粉」である。これをふまえると，Aは「花粉」を運んでもらうために花が用意した「料理」ということで「蜜」を入れることができる。　C　ただ蜜を用意しても花があることをアピールしなくてはならないことは(2)で始まる段落の内容からわかる。目立つように「花びら」をつくることになったとある。

問五　――線問五直後に「それは」とある。この「それは」は，「ちがう手段」指し示す言葉だ。はなやかな「花びら」で昆虫を誘う植物もあれば，「匂い」で誘う植物もあるという説明がされている。

やや難　問六　まず，なぜ花粉を運んでもらいたいのかを考えると，子孫を残したいからである。花の立場から見れば，次から次へと昆虫が飛んできて，それぞれが花粉をつけて飛んで行ってくれれば，あちらこちらに花粉を広げることができる。それなのに，一ぴきがずっと居続ければ花粉を運んでくれる量が少なくなってしまう。だから，長時間いすわられると困るのだ。

二　(物語ー心情・情景，細部の読み取り，空欄補充，ことばの意味，漢字の書き取り，記述力)

基本　問一　①「程」は全12画の漢字。5画目はとめる。　②「静」は全14画の漢字。12画目は右側に出す。　③「委」は全8画の漢字。6画目の始点は8画目より上に出す。　④　チャンスという意味の「きかい」であるから「会」表記である。「機械」と混同しないようにする。　⑤「席」は全10画の漢字。10画目は7画目につけるように上まで出す。

問二　A　知らされた誕生日会の日程は自分が塾の全国テストに行かなければならない日と重なっ

てしまったのだからことわらなければならない日だ。だから「悔しそうに」していたのだ。

B 「～しょうがないね。」という言葉には，千春から見れば，残念だという思いだけで，「怒っているよう」には見えなかったのである。　C 紗希から大切な友だちと思われていないのに紗希をかばう発言をする千春にかわいそうにという冷たい発言だから「あわれむよう」に言ったのだ。

やや難 問三　問二Bで考えたように，千春から見れば怒っているようには見えなかったのに，実際は怒っていたというのが「本音」である。「ガリ勉って……」という発言が怒っていることがはっきりわかる言葉だ。したがって，本当は腹を立てたのが本音である。そして，そんな態度をとる紗希が許せない心情である。

問四　(1) 「めっきり」は，状態の変化がはっきり感じられるさまを表す言葉だ。「急に」という時間的なものをいっているのではなく，「ずいぶん減っている」という比較の言い方だ。

(2) 「息巻く」とは，息づかいを荒くして怒るということであるのでウだ。

やや難 問五　気が強いサナエちゃんに反対意見を言うのはなかなかできないのだが，それでも紗希を大切に思うから，誤解をとこうと，「勇気を振りしぼって言い返した」のだ。しかし，サナエちゃんが「～千春ちゃんも大変だよね。～」といういやみな言葉には「言い返すことができなかった」。なぜなら，千春自身も，最近の紗希の言動は，自分のことを大事に思っていると感じられないことがあるからだ。すっきりしないのは，自分が紗希を大切に思う気持ちと，紗希が自分を思う気持ちにはちがいがあるのかもしれないという不満な気持ちが確かにあるからだ。

★ワンポイントアドバイス★

漢字などの知識問題で失点をしないようにしよう。字数制限のない記述を苦手にしないような学習を心がけよう。

解答用紙集

○月×日 △曜日　天気（合格日和）

◆ご利用のみなさまへ

＊解答用紙の公表を行っていない学校につきましては、弊社の責任において、解答用紙を制作いたしました。

＊編集上の理由により一部縮小掲載した解答用紙がございます。

＊編集上の理由により一部実物と異なる形式の解答用紙がございます。

人間の最も偉大な力とは、その一番の弱点を克服したところから生まれてくるものである。――カール・ヒルティ――

東京学参株式会社

和光中学校　2024年度

◇算数◇

※解答欄は実物大になります。

【1】

(1)	
(2)	
(3)	
(4)	
(5)	
(6)	
(7)	
(8)	
(9)	

【2】

	<		<	

【3】

(1)		m
(2)	m	cm
(3)		才
(4)		円
(5)		
(6)		%

【4】

たて	cm
よこ	cm

【5】

(1)	cm^3
(2)	cm^3

◇国語◇

和光中学校　２０２４年度

※１５４％に拡大していただくと，解答欄は実物大になります。

一

問一	①　った	②　まる	③	④	⑤
問二	A	B	C		
問三	X	Y			
問四	点滴灌漑				
	氷の塔				
問五	①				
	②				

二

問一	①	②	③	④	⑤　った
問二					
問三	A	B	C	D	
問四	ⓐ	ⓑ	ⓒ		
問五					
問六					

和光中学校　2023年度

◇算数◇

※解答欄は実物大になります。

【1】

(1)	
(2)	
(3)	
(4)	
(5)	
(6)	
(7)	
(8)	
(9)	

【2】

	<		<	

【3】

(1)			
(2)	時速		km
(3)		時間	分
(4)			才
(5)			円

【4】

(1)	第　　　　　　　　試合
(2)	第　　　　　　　　試合
(3)	本

← 当てはまるものを全て解答

【5】

(1)	cm^3
(2)	cm

【6】

cm^2

◇国語◇

和光中学校　２０２３年度

※１５９％に拡大していただくと、解答欄は実物大になります。

一	問一	①	②　い	③	④	⑤
	問二	A	B			
	問三					
	問四					
	問五					
二	問一	①	②	③	④　ちた	⑤　めた
	問二					
	問三					
	問四	A	B	C	D	
	問五					
	問六					

和光中学校　2022年度

◇算数◇

※解答欄は実物大になります。

【1】

(1)	
(2)	
(3)	
(4)	
(5)	
(6)	
(7)	
(8)	
(9)	

【2】

< 　　 <

【3】

(1)	円
(2)	日
(3)	m
(4)	年後
(5)	m
(6)	g
(7)	円

【4】

表面積は　　　　cm²
体積は　　　　cm³

【5】

cm²

◇国語◇

和光中学校　２０２２年度

※１５９%に拡大していただくと、解答欄は実物大になります。

一	問一	①	②	③	④	⑤
	問二	A	B	C		
	問三					
	問四					
	問五					
二	問一	①	②	③	④	⑤
	問二	㋐	㋑	㋒	㋓	
	問三					
	問四	A	B	C	D	
	問五					
	問六					

和光中学校　2021年度

◇算数◇

※ 111%に拡大していただくと，解答欄は実物大になります。

【1】

(1)	
(2)	
(3)	
(4)	
(5)	
(6)	
(7)	
(8)	
(9)	

【2】

【3】

(1)	人
(2)	分
(3)	円
(4)	分　秒

【4】

(1)	7　2　4　= 10
(2)	15　5　2　= 10

【5】

(1)

(2)	倍

【6】

(1)	cm^2

【7】

(1)	cm^3
(2)	cm^2

◇国語◇

和光中学校　２０２１年度

※１６４％に拡大していただくと、解答欄は実物大になります。

一

問一　①　②　③　④　⑤

問二　A　B

問三

問四

問五

二

問一　①　②　③　④　める　⑤

問二　①　②

問三　ために

問四　A　B

問五

問六　こと

和光中学校　　2020年度

◇算数◇

※104％に拡大していただくと，解答欄は実物大になります。

【1】

(1)	
(2)	
(3)	
(4)	
(5)	
(6)	
(7)	
(8)	
(9)	
(10)	

【2】

(1)			
(2)	人		
(3)	分		
(4)	m		
(5)	万円		
(6)	g		
(7)	個		
(8)	分速　m		

【3】

(1)	cm^3
(2)	cm^2

◇国語◇

和光中学校　２０２０年度

※１５４％に拡大していただくと、解答欄は実物大になります。

一						
問一	①　んで	②	③　じて	④	⑤	
問二	(1)	(2)	(3)			
問三						
問四	A	B	C			
問五						
問六						

二					
問一	①	②　まり	③	④	⑤
問二	A	B	C		
問三					
問四	(1)	(2)			
問五					

MEMO

大切なことはメモしておこうネ！

MEMO

大切なことはメモしておこうネ！

MEMO

大切なことはメモしておこうネ！

MEMO

大切なことはメモしておこうネ！

MEMO

大切なことはメモしておこうネ！

MEMO

大切なことはメモしておこうネ！

MEMO

大切なことはメモしておこうネ！

〈ダウンロードコンテンツについて〉

本問題集のダウンロードコンテンツ、弊社ホームページで配信しております。現在ご利用いただけるのは「2025年度受験用」に対応したもので、**2025年3月末日**までダウンロード可能です。弊社ホームページにアクセスの上、ご利用ください。

※配信期間が終了いたしますと、ご利用いただけませんのでご了承ください。

中学別入試過去問題シリーズ

和光中学校　2025年度

ISBN978-4-8141-3184-6

[発行所] 東京学参株式会社
〒153-0043　東京都目黒区東山2-6-4

書籍の内容についてのお問い合わせは右のQRコードから　⇒

※書籍の内容についてのお電話でのお問い合わせ、本書の内容を超えたご質問には対応できませんのでご了承ください。

2024年5月23日　初版